COMENTARIO[illegible] *BRECHA* Y SU AU[illegible]

Preparándonos para la batalla territorial

La Pastora y Salmista Nancy Amancio tiene un ministerio de gran nivel profético. Dondequiera que llega y ministra, la unción del Espíritu levanta el ánimo del pueblo y lo empodera hacia la victoria espiritual. Este material será usado grandemente por Dios para producir cambios positivos en miles de creyentes que se sienten desanimados y derrotados, llevándolos a nuevas dimensiones de poder en Cristo Jesús, así como a todos los que perseveran en la carrera de la fe y esperan palabras frescas del Eterno para nutrirse y seguir peleando la batalla espiritual.

El Señor la lleva ahora en esta unción como Maestra. Cada una de sus enseñanzas sobre la oración intercesora edificarán a los lectores y los levantará a nuevos niveles de autoridad en la guerra espiritual profética. Todos deberíamos leer este libro y tenerlo como manual de estudio en nuestras bibliotecas.

Con mucho gozo y expectativa les recomiendo el libro *Párate en la brecha*.

Apóstol Rony Chaves
Presidente y Fundador del Ministerio Avance Misionero Mundial
Pastor General y Apóstol del Centro Mundial de Adoración
Costa Rica

La Palabra de Dios es clara desde el libro de Génesis, en que Dios creó al hombre para dominar y enseñorearse de toda criatura y situación. En el Antiguo Testamento leemos cómo Dios delegó autoridad en Abraham, Moisés, Josué, José y otros personajes de la fe. Incluso cómo a la par fue revelando el destino profético de todos. Vemos el plan de Dios en el ministerio de Jesús, cuando en sus tres años de ministerio, Jesús no se cansó de repetir de muchas maneras que todo lo que pidamos y digamos en Su nombre, será hecho; que tenemos el poder de atar y desatar; que nos delegó Su autoridad; y que haríamos cosas mayores que las que Él hizo.

Párate en la brecha enfrenta a los lectores a esta gran pregunta: ¿Qué hacemos con esa autoridad que Jesús nos dio a través de Su sacrificio, Su resurrección y nuestra salvación? ¿Por qué nos desesperamos ante las situaciones, cuando nos corresponde tomar autoridad, declarar y profetizar sobre nuestras familias, hijos, problemas, ministerios y sobre nosotros mismos? Bástenos Su gracia, el Espíritu Santo que mora en nosotros y nos guía, y el poder de Su Palabra, para atrevernos a tomar autoridad, reclamar y defender lo que es nuestro, y vivir según la intención de Dios.

Gracias, Pastora Nancy, por este impactante primer libro que, sin duda, abrirá los ojos de creyentes y no creyentes hacia un destino profético que tenemos en común: tomar la autoridad que Cristo nos delegó para vivir en victoria, y descubrir lo que cada uno está llamado a ser y a hacer.

Bendiciones para ti y tu Ministerio que hoy ensancha su territorio con este libro.

OTONIEL FONT
Predicador internacional y autor de éxitos de ventas
Pastor, Iglesias Fuente de Agua Viva
Puerto Rico y Florida

Estamos viviendo en tiempos de guerra y la Pastora Nancy Amancio pone hoy en tus manos un verdadero instrumento para levantar el nivel espiritual de toda la Iglesia, la cual está compuesta por cada uno de nosotros. Debemos comprender que el destino de nuestras naciones que están bajo la opresión del maligno, depende en gran manera del conocimiento y de la capacitación en el mundo espiritual, entendiendo exactamente lo que está escrito en este libro. Nuestro consejo es que lo uses para entrenarte como uno de los guerreros que van a afectar el destino, no solamente de la Iglesia, sino de toda una nación. Por lo tanto, les recomiendo altamente que lean con detenimiento todo lo que está escrito aquí y puedas ponerlo en práctica en tu vida todos los días para mantenernos firmes como soldados de Jesucristo en la guerra que tenemos por delante.

PASTORES EMILIO Y BETHANY ABREU
Iglesia Centro Familiar de Adoración
Paraguay

Al leer los capítulos de este ungido libro, quedaremos activados a usar las armas poderosas que Dios nos ha dado para alcanzar el destino que Él tiene para nosotros y que por distracciones del enemigo no hemos sabido utilizar eficazmente. Dios es el único que sabe a dónde debes ir y cuál es tu asignación aquí en la tierra. La responsabilidad tuya es obedecer al Señor con un intento sincero de seguir fielmente sus caminos, buscar intensamente ese destino hasta lograr descubrirlo, y aferrarte a eso con todas tus fuerzas. Quizás tienes muchos años de vida, con bastante experiencia en el campo profesional laboral, pero sin saber exactamente cuál es el designio de Dios para ti. Con este manuscrito, Dios provoca que se active tu espíritu para buscarlo hasta encontrarlo.

PASTORES EDWIN Y DALYS ÁLVAREZ
Comunidad Apostólica Hosanna
Panamá

En estos días de sacudimiento mundial, la oración de los hijos de Dios está tomando un rol cada vez más importante. Pero nuestra oración será plenamente eficaz cuando podamos entender, por el Espíritu Santo, el poderío de nuestro Dios y la autoridad que nos fue asignada. Necesitamos comprender cuál es nuestra posición en la guerra espiritual y cuáles son nuestros recursos poderosos. Necesitamos descubrir el gigantesco propósito profético que Dios tiene para la Iglesia y para cada uno de nosotros. Todos estos temas y muchos más son expuestos en este libro con verdadera revelación por la (profetisa/pastora/salmista) Nancy Amancio.

Recomiendo este libro a todo el que quiere alcanzar nuevos niveles de conquista en su vida espiritual. *Párate en la brecha* le dará potencia a tu vida de oración y te enseñará cómo alcanzar nuevas y más grandes victorias.

¡Tu actitud no será la misma después de leer este libro!

Pastor Jorge Ledesma
Iglesia Cristiana Internacional
Argentina

PÁRATE EN LA BRECHA

Hacia el destino profético

NANCY AMANCIO

Las cursivas y negritas en el texto son énfasis de la autora.

Editado por: Ofelia Pérez
OfeliaPerez.com

Párate en la brecha
Hacia el destino profético

ISBN: 978-1-63752-594-4

Impreso en los Estados Unidos de América

Pararte en la brecha es entrar en el campo de batalla cueste lo que cueste, pelear literalmente cuerpo a cuerpo con el enemigo, y salir con la victoria en tus manos.

Nancy Amancio

DEDICATORIA

A todas mis mujeres maravillosas que ansían con todas sus fuerzas que algo suceda en sus vidas y familias.

En especial a ti que, aunque en repetidas ocasiones tuviste mil razones para abandonar, sigues con una llama viva que te susurra que hay esperanza de que algo hará Dios a tu favor, que de algún lado vendrá tu socorro.

A ti, que de tanto golpear al aire te quedaste sin fuerzas, pero que estás dispuesta a levantarte como Leona Parida a defender tus crías y tu territorio.

A ti, que estás dispuesta a pararte en la zona del conflicto hasta que obtengas la victoria.

AGRADECIMIENTOS

A mi gran Amigo Jesucristo. Al Amoroso y Dulce Espíritu Santo, a mi Lindo Padre Dios que me ha dado el privilegio de nacer, crecer en Él y vivir para Él. Escribir mi primer libro no sería posible sin la Orden y la Asistencia Divina; por eso me siento humildemente agradecida.

Agradecer no es tan difícil cuando realmente eres agradecido. Con todo mi corazón agradezco a mi esposo y amigo desde mi adolescencia, Ramón Telfort. Él me motivó y apuró cuando notaba que me desanimaba. Me convenció de reiniciar a escribir todas las veces que fueron necesarias.

A mis hijos Ismael y Willy, porque ustedes son mi razón de ser, y me han enseñado más de lo que yo les he enseñado a ustedes. Han pagado el precio más alto del ministerio; Dios los recompensará en grande. Mateo, hijo, casi te parí, gracias por compartirte. Stacy, la hija que Dios me regaló, oré por años aun sin conocerte. ¡Qué bueno que estás en nuestras vidas!

Agradezco infinitamente a quienes sabiendo la asignación que Dios me otorgó oraron por este proyecto, en especial a la Pastora Liliana Telfort, mi cuñada y compañera de batallas.

ÍNDICE

PRÓLOGO

Hoy, más que nunca, la Iglesia del Señor tiene que despertar a la realidad. Hay una batalla que librar para que "ni uno solo se pierda". Nuestro Señor Jesucristo le dio un solo encargo a la Iglesia: ir y hacer discípulos. Es tiempo de que la Iglesia se dé cuenta de que para ello se tiene que librar una batalla, y que la Iglesia tiene que "pararse en la brecha" para obtener esa victoria.

El enfrentamiento del reino de las tinieblas y el reino de la luz admirable, cada día se hace más evidente para el creyente del siglo XXI. Desde la segunda mitad del siglo XX hasta hoy, son 70 años que la Iglesia en el mundo occidental ha tenido un notorio incremento, sin mayor oposición, en su desarrollo, crecimiento e influencia; sin embargo, ha tenido también un triste incremento en su frivolidad, tibieza y banalidad.

El apóstol Pablo le escribía a la iglesia de Tesalónica que los había amado como una madre, poniendo a disposición su vida y parándose en la brecha.

> *Antes fuimos tiernos entre vosotros, como la nodriza que cuida con ternura a sus propios hijos. Tan grande es nuestro afecto por vosotros, que hubiéramos querido entregaros no sólo el evangelio de Dios, sino también nuestras propias vidas; porque habéis llegado a sernos muy queridos* (1 Tesalonicenses 2:7-8).

Así mismo, también les dice que los había consolado como un padre, encargándoles que anduviesen como es digno de Dios.

> *Así como también sabéis de qué modo, como el padre a sus hijos, exhortábamos y consolábamos a cada uno de vosotros, y os encargábamos que anduvieseis como es digno de Dios, que os llamó a su reino y gloria* (1 Tesalonicenses 2:11-12) .

En ambos casos se describe una demanda, y un enfoque en su profesión de fe, de una vida que se entrega por la defensa de la vida de otros. Por ello también encontramos la alusión a un soldado, con la que Pablo exhorta a Timoteo.

> *Ninguno que milita se enreda en los negocios de la vida, a fin de agradar a aquel que lo tomó por soldado* (2 Timoteo 2:4).

Es tiempo, nuevamente, de "pararnos en la brecha". Es necesario entender nuestra profesión de fe como un soldado entiende que debe estar dispuesto a entregar su vida por la vida de otros.

La oración de nuestro Señor Jesucristo fue "venga a nosotros tu reino"; los reinos llegan para tomar posesión de territorios y conquistar vidas para sí. La declaración de Juan el Bautista, de Jesús, y de sus discípulos, era, es y siempre será "arrepentíos porque el reino de los cielos se ha acercado". Jesús dijo que vino a poner enemistad entre los seres humanos.

> *¿Pensáis que he venido para traer paz a la tierra? Os digo: no, sino enemistad* (Lucas 12:51, RV1995).

Definitivamente, con la llegada del Reino de los Cielos, hay una realidad de antagonismo, confrontación y enfrentamiento, en la cual solo existe la posibilidad de un ganador. No hay victoria sin batalla, no hay batalla sin enemigo, y no hay enemigo que busque la paz. Es tiempo de dejar la tibieza y la banalidad, es tiempo de librar una guerra, una guerra espiritual.

Conocemos a Nancy hace muchos años, y sabemos de su integridad y de la unción que Dios ha depositado en ella. Nancy, de manera extraordinaria, plasma en "Párate en la Brecha" lo que ella es: una Guerrera. Este libro nos animará, exhortará y equipará para retornar al campo de batalla y pelear; pelear por la extensión del Reino, pelear por el cumplimiento de las promesas de Dios, pelear por la salvación de nuestros seres queridos y pelear para que "ni uno solo se pierda".

Es tiempo de enlistarnos una vez más, y exhortarnos a la obediencia de Dios, declarándonos los unos a los otros: ¡Párate en la brecha!

Guillermo y Milagros Aguayo
Fundadores y Pastores
La Casa del Padre
Lima, Perú

INTRODUCCIÓN

Muchos me dicen: "Quiero un poco de eso que tú tienes". Pero no tienen la menor idea de lo que he tenido que pasar para llegar hasta aquí. Este libro es una muestra mínima de que antes de que Dios me entregue algo, debo experimentar fuertes batallas. Esto que hoy tienes en tus manos es el tercer intento de obedecer una orden que el Señor me dio hace muchos años. Me dijo: "Escribe y comparte lo que te voy a enseñar".

Luego de varios años con la instrucción de escribir, al fin empecé. No sabía por dónde empezar, ya era 2012 y había planificado algo simple: diez capítulos de los cuales ya tenía siete. Un día perdí en un aeropuerto mi iPad con todas mis conferencias, incluyendo el libro. No tenía un respaldo, y no pude recuperar el manuscrito. Oré, lloré y ayuné pidiendo a Dios que quien lo tuviera me reconociera en las fotografías que había guardado, y me localizara para hacerme la entrega. Esperé por años un milagro que no ocurrió, y volví a escribir con la sensación de qué podría escribir yo cuando todo ya está dicho.

En el año 2014, llena de inseguridades, respiré profundo durante un vuelo de nueve horas e inicié el libro nuevamente. No recuerdo qué tanto había avanzado, pues ni le hice capítulos; simplemente escribía siempre que podía. Un día encendí mi nuevo iPad y casi muero; no había nada, todo estaba borrado. Se me fueron las fuerzas, busqué ayuda a ver si podía recuperar mis escritos y nada. Tardé más de un año en recuperarme.

Cuando me decían, "debes escribir un libro", lo único que sentía era un ardor terrible en mi estómago. Empecé de nuevo ahora con toda la precaución, bajé una aplicación donde para entrar debía digitar una clave y empecé a escribir con poco entusiasmo. Quizás tenía tres o cuatro capítulos y un día no abrió el documento. Mi clave era incorrecta, hice todos los pasos para recuperar mi cuenta y no me aceptaba ni el correo ni ninguna clave. ¡Dije, hasta aquí llego esto! Ya no escribiré nada.

Mi esposo y mis hijos me animaban, pero sentía rabia y ganas de llorar por la impotencia. Pasó un tiempo cuando como guerrera, me sacudí y dije: "Si son errores míos, Padre, perdóname, pero si es el enemigo haciendo de las suyas para impedir que se manifieste lo que tú vas a hacer por medio de este libro, pues en el nombre de Jesús, ¡suelta mi libro!" Hice ayunos en ocasiones pidiendo que se me revelara la clave o que me permitiera de algún modo abrir la aplicación. Una noche, simplemente intenté abrir y ni sé que fue lo que hice, pero abrió y pude recuperar todo. Feliz y asustada, imagínate mi cara. Así es como pude continuar hasta el trabajo final.

En este 2020, en medio de una pandemia y una cuarentena obligatoria, viajes cancelados, pude concentrar mi tiempo a terminar el proyecto. Solo pido a Dios que haya valido la pena; que leyendo este libro te encuentres con tu Destino Profético, y que te conviertas en una guerrera del Señor si no lo eres ya.

CAPÍTULO 1

Un encuentro con mi Comandante en Jefe

Vestíos de toda la armadura de Dios, para que podáis estar firmes contra las asechanzas del diablo. Porque no tenemos lucha contra sangre y carne, sino contra principados, contra potestades, contra los gobernadores de las tinieblas de este siglo, contra huestes espirituales de maldad en las regiones celestes. Por tanto, tomad toda la armadura de Dios, para que podáis resistir en el día malo, y habiendo acabado todo, estar firmes...

-Efesios 6:11-20

Hace algunos años cuando Dios comenzó a entrenarme (todavía sigo en entrenamiento), tuve una visión de que sobrevolaba por los aires como si fuera en un avión, y alguien a mi lado me decía: "Mira, ahí abajo, en ese lugar vas a ser entrenada". Era una zona desértica completamente; ahí no había un solo árbol, no había nada verde, solo un suelo amarillento y un sol candente. Pero había como un campamento, y la voz volvió a decirme: "Allí abajo vas a ser entrenada".

Inmediatamente me vi dentro de aquel lugar, del campamento, y había muchas armas de guerra y muchísimas municiones. Yo nunca había visto tantas armas extrañas. Me iban mostrando cómo se usaba cada una de ellas y me decían: "Vas a tener que aprender a usar todo esto. Las usarás en un momento determinado y específico. Luego, la persona tomó una en sus manos y me dijo, mostrando esa arma que era distinta y más grande que las demás: "¿Tú ves esta? Esta no la puede usar todo el mundo; el que la vaya a usar necesita tener unos zapatos especiales". Pude entender que se refería a un nivel de madurez; que debía tener una profundidad espiritual mayor a otros.

Entendí que no todo el mundo puede decir, "yo soy un guerrero", cuando todavía las cosas del mundo le apasionan, las saborea y las disfruta. La voz continuó diciendo:

—Para entrar a la guerra, afianzarte y echar raíces profundas, vas a tener que entrar en un nivel de compromiso con Dios, vas a tener que renunciar al pecado, a la inmundicia, vas a tener que comprometerte con la santidad y afinar el oído para escuchar instrucciones del Comandante en Jefe Jesucristo.

Luego me dijo:

—Ahora ven, que te voy a presentar a tu entrenador. Y al instante vi como una escalinata muy alta que se metía entre las nubes. Yo comencé a subir y había alguien allá arriba, imponente, hermoso, el hombre más elegante que jamás había visto. Aunque no le vi el rostro porque solamente lo vi desde el cuello hacia abajo, tenía una vestidura y zapatos de guerra, una ropa especial, sus dos manos hacia atrás y venía poniendo un pie en cada escalón.

Mientras yo subía muy de prisa y me parecía que eran como muchos escalones, él parecía que daba dos pasos y se acercaba a mí de una forma impresionante. Era como correr hasta él y no avanzar nada, y él tan solo daba dos pasos y la distancia se acortaba.

De repente veo que ya él está frente a mí, con sus dos manos detrás. Yo miraba sus pies cuando venía bajando y decía: "¡Wow, qué pies más hermosos!" De repente me dice: —¡Mucho gusto, yo soy tu entrenador!" Estrechó mis manos entre las suyas y me sentí tan pequeña que es inolvidable. Así como yo tuve un encuentro real con el Comandante en Jefe, tú también lo tendrás.

TU ADN DE GUERRERO

Dios quiere enseñarte como a mí, a que aprendas a pelear tus batallas. El Señor no va a dejar su trono para pelear batallas que son tuyas. Él te va a utilizar y a entrenar; por eso puso su ADN en ti, y como Él es tu padre y es guerrero, el ADN de tu padre te ha sido transferido. Por lo tanto, tú eres una guerrera. De los cobardes no hay historias. Se escriben libros con grandes historias, se filman películas de hombres y mujeres que pasaron toda clase de situaciones, pero que al final vencieron; de personas así es que se escribe la historia.

El ADN de tu Padre te ha sido transferido.

La Biblia registra historias de hombres y mujeres llenos del poder y de la autoridad de Dios. Pero el enemigo ha enviado un manto de cobardía terrible, ha embobado al pueblo de Dios y lo ha mantenido por mucho tiempo, ciego, pasivo, adormecido, ¡pero eso es hasta hoy! Por mucho tiempo, el enemigo le ha hecho creer a la gloriosa Iglesia de Jesucristo que él es un enemigo invencible, y esa es la mayor mentira que se ha creído. Él no es invencible; satanás está oficialmente vencido 2 veces, él fue desplazado de entre las piedras de fuego, él fue expulsado, de allí lo sacaron avergonzado y luego, en la cruz del calvario, Jesús lo exhibió públicamente.

Colosenses[1] dice que lo avergonzó; el acta, el decreto que había contra nosotros, Cristo lo destruyó en la cruz. La orden que decía, estos están destinados a la muerte, al infierno, por su pecado, por su maldad, por su desobediencia, dice la Palabra que Jesús tomó ese documento que era de una sentencia de muerte, la anuló, y dijo:

—Está anulada esa sentencia de muerte; yo la anulo con mi sangre, con mi muerte en la cruz. —Y tomó a los principados, a las potestades de las tinieblas, y los avergonzó y los exhibió derrotados públicamente. Entonces, como verás, ¡el diablo está vencido y se equivocó contigo! Él solo tiene maquinaciones.

Tú, como Iglesia, no puedes estar a la defensiva. Tu asignación correcta es vivir a la ofensiva. Esto quiere decir que debes atacar y golpear primero, antes de que el diablo intente levantarse en tu contra. Antes de que se le ocurra tocar a tu familia, levántate y dile:

Tu asignación correcta es vivir a la ofensiva.

—¡Te equivocaste! ¡Ten mucho cuidado si te atreves a tocar a mi descendencia o a mi familia! Ten mucho cuidado si te metes en mi casa para destruirla, porque tengo a Jehová, varón de guerra, quien es mi escudo y mi defensa.

Hablar y hacer guerra espiritual no es moda; es una actitud que debió tener la Iglesia desde el principio. La Iglesia primitiva vivió en esa dimensión, pero se diluyó poco a poco y fue perdiendo su posición, su asignación espiritual, bajando la guardia, permitiendo y tolerando todas las mentiras del enemigo. Luego se acobardó y ya ves por dónde anda la cosa en la actualidad.

---

1 *"Y a vosotros, estando muertos en pecados y en la incircuncisión de vuestra carne, os dio vida juntamente con él, perdonándoos todos los pecados, anulando el acta de los decretos que había contra nosotros, que nos era contraria, quitándola de en medio y clavándola en la cruz, y despojando a los principados y a las potestades, los exhibió públicamente, triunfando sobre ellos en la cruz"* (Colosenses 2: 13-15, RVR60).

El diablo es uno solo, pero tiene un equipo sincronizado operando desde las regiones celestes. En el libro de Efesios 6 habla claramente de este ejército. Además del muy organizado ejército, están los servidores de satanás operando en la tierra: los brujos y hechiceros; los satanistas; los masones facilitándoles el trabajo a los espíritus designados a destruir iglesias, familias, pastores y líderes de influencia; huestes de maldad asignados a operar en las escuelas; espíritus gobernantes designados a trabajar en casas presidenciales en los gobiernos; potestades en puntos estratégicos de nuestras ciudades. Ellos están bien organizados.

El único ejército que anda patas arriba somos nosotros, perdiendo el tiempo criticando, juzgando y condenando todo lo que no entendemos. La Iglesia de Jesucristo está durmiendo pasivamente y el diablo dice: "Mientras ellos estén así, yo estoy ganando".

Él está derrotado, vencido, pero como estamos perdiendo el tiempo, él va ganando territorio. Mientras te quejas de tus hijos o tu marido, o de tu condición económica, el enemigo va ganando ventaja en tu vida. Es necesario que los valientes suelten el tetero, que suelten los pañales, y le digan: —Vas a aprender a respetarme, soy una guerrera, estoy armada y soy peligrosa—. Si te vuelves una guerrera, tus hijos y tu hogar van a cambiar, y tu misma vida va a ser diferente.

Si te vuelves una guerrera, tus hijos y tu hogar van a cambiar.

El enemigo tiene muy bien planificado el mantenerte enredada y envuelta en temores, dudas, quejas y pleitos, competencias ministeriales y envidias, celos y contiendas. Te monta una escena donde todo te desfavorece, y te hace creer y sentir que tú no vales, que tú no puedes, que no podrás llegar, que tu Dios te abandonó, que ya son muchos años en la misma situación, que Dios no hará nada. Y todo eso es una vil mentira del enemigo.

ACTIVA TU RADAR ESPIRITUAL

Primera de Pedro 5:8[2] nos dice, estén atentos, presten atención, estén alertas, vigilen, observen porque hay un enemigo que como león está dispuesto a devorar todo a su paso. Hay muchas cosas que pasan delante de nosotras; ¿cómo es posible que no las notemos? Sí, a nosotras Dios nos dio un radar espiritual, tenemos una gracia muy especial de parte de Dios, tanto así que podemos percibir cosas que quizá otros no sienten ni ven.

Por eso a veces tu marido tiene un amigo, y aunque no conoces mucho de esa persona, tú percibes que algo no anda bien y le dices a tu esposo: "Ten cuidado, no sé por qué, pero algo no me gusta". Hay un discernimiento que Dios pone en nosotras para ver y oler cosas que otros no perciben. ¿Cómo es posible que tu hijo esté cayendo en la droga y tú no te estés dando cuenta? Debes estar alerta, para ver si tus hijos se están juntando con personas de corazón perverso. En tu oración debes decirle:

Hay un discernimiento que Dios pone en nosotras para ver y oler cosas que otros no perciben.

—Señor, activa mi radar espiritual, que todo lo que mi hijo haga, aunque yo no esté, tú me lo reveles. Enséñame a usar el don de discernimiento.

Al menor movimiento tienes que activarte y decir: "No recibo ese diseño del infierno, me opongo a toda agenda

2 *"Sed sobrios, y velad; porque vuestro adversario el diablo, como león rugiente, anda alrededor buscando a quien devorar"* (1 Pedro 5:8).

oculta, y le ordeno al infierno que retroceda". Hemos visto a niñas que fueron abusadas y violadas. Ese dolor abrió una brecha para un espíritu de lesbianismo, y hoy están batallando con eso. Necesitan tener identidad, necesitan ser sanadas, necesitan volver a la fuente. Para eso se necesita a una madre con el radar activo en total vigilancia, intercediendo constantemente para cerrarles el paso a las obras del enemigo.

La homosexualidad es abominación a Jehová y un plan del diablo que hay que derribar en el nombre de Jesús. Son muchos los que tienen batallas mentales sobre su identidad. Por eso tienes que levantarte como guerrera; observa, mantente alerta, sé sobria, vela, ¡abre el ojo, mujer!

El Señor le habló al pueblo de Israel y le dijo:

—La tierra que yo les juré a Abraham, a Isaac y a Jacob que le habría de dar,[3] mírenla aquí. Pueden entrar, pero quiero que sepan que esas tierras están ocupadas por naciones terribles, perversas, y malvadas, así que para que puedan poseer y vivir en paz y disfrutarlas, tendrán que expulsarlos a todos. ¿Me habla de guerra, sí o no? Había que accionar.

Hay bendiciones que son tuyas, pero vas a tener que pelearlas para poder poseerlas.

Hay bendiciones que son tuyas, que tienen tu nombre, que ya Dios te las entregó, pero vas a tener que pelearlas para poder poseerlas. Tendrás que levantarte como mujer valiente y pelearlas en el nombre poderoso de Jesucristo. Te vas a levantar como lo hizo David contra Goliat, cuando le dijo:

— ¿Quién es este incircunciso que se ha atrevido a desafiar a los escuadrones de Jehová de los ejércitos?[4] ¡Tu vendrás contra mí con espada, lanza y jabalina, mas yo vengo

3 Ver Deuteronomio 34:4.
4 Ver 1 Samuel 17:26.

contra ti en el nombre de Jehová de los ejércitos![5] Tú dirás esas mismas palabras de esta manera:

> *—Tú vienes contra mí, atacando a mis hijos para que vivan fuera del propósito de Dios, induciéndolos a pecar y a vivir en rebeldía, mas yo vengo en tu contra, a impedirlo, establezco la santidad de Jehová sobre sus corazones, y activo la santidad y el temor de Dios en sus corazones en el nombre de Jesucristo.*

No es con tu fuerza, mujer, no es con tu sabiduría; es con la sabiduría del cielo que vas a vencer.

Los que tengan miedo y se estremezcan no pueden ser guerreros. Dios no va a entregarle victoria a ningún cobarde. El que tenga miedo, que se salga de la fila. Dios camina de la mano con valientes. ¡Los cobardes no entrarán al reino de los cielos, te conviene ser una mujer valiente! ¡Si el diablo quiere guerra, le darás guerra! Aunque debo admitir que los valientes, en muchas ocasiones, sienten miedo en ciertos enfrentamientos, pero debe haber personas cansadas de que el enemigo juegue con sus emociones y destruya su casa. Existen personas que andan oprimidas durante muchos años y solo dicen: "Aquí estoy hasta que el Señor quiera". Pero no hacen nada por zafarse de las cadenas.

Sé valiente y entra en las filas del ejército ya mismo. Dios está pasando revista a sus tropas. Se necesita a alguien que no solamente esté cansado, sino hastiado completamente, tan cansado de ver cómo el enemigo le destruye su vida, que diga:

—Ya no más. No voy a tolerar un solo insulto más. No voy a permitir que el enemigo se meta a mi iglesia y la destruya, no voy a permitir que se meta a mi casa, mi

5 Ver 1 Samuel 17:45.

familia, mi vida, mi mente y me destruya. He aquí que me levanto como guerrera de Dios. Si Jehová le está pasando lista a las tropas, ¡pues cuenta conmigo!

Hay una guerra que el diablo lanzó contra tu vida y contra tu matrimonio. Él ataca violentamente tu mente y quiere matarte porque él te tiene miedo, él sabe que te puedes convertir en un gran dolor de cabeza para él y sus obras malignas. A partir de hoy no vas a vivir más en derrota ni un solo día de tu existencia. Ciertamente vendrán luchas, adversidades, se levantarán gigantes que el Señor mismo te va a asignar, porque si hay un mayor peso de gloria que viene sobre tu vida, Él determinará qué tipo de gigantes enfrentarás, pues de ahí saldrás victoriosa.

Tu propia vida será testimonio de la grandeza de Dios.

Tu propia vida será testimonio de la grandeza de Dios. El enemigo ya no va a jugar con tus emociones, no te va a decir que te mates, no te va a decir que no vales nada, que eres un total fracaso, que no tienes solución, que no vale la pena esforzarse más, que ya no luches más por tu promesa. Tan pronto te hable, le vas a decir:

—¡Diablo, te callas y enmudeces en el nombre de Jesús! No te presto mis oídos, no hables conmigo, no trabajo contigo ni para ti, así que me respetas. Yo solo le escucho palabras al Espíritu Santo de Jehová. ¡Mi voz se dirige al Espíritu Santo, Él me habla a mí y solo a Él le obedezco!

CAPÍTULO 2

Destino profético I

Mis planes para ustedes solamente yo los sé, y no son para su mal, sino para su bien. Voy a darles un futuro lleno de bienestar.

—Jeremías 29:11 (TLA)

Esta promesa fue hecha al pueblo de Israel en tiempos donde estaban viviendo en cautiverio en Babilonia. Dios habla de que va a visitarlos y hará un cambio de estatus, pues Él presta atención a su condición de dolor, vergüenza y opresión que viven, pero esto no será permanente. Así mismo Él está con su vista puesta en ti, y sabe que donde estás hoy no es tu lugar definitivo, por bueno o terrible que parezca. Él tiene algo mejor y más alto de lo que tu mente haya pensado.

Él tiene algo mejor y más alto de lo que tu mente haya pensado.

Dios es el único que sabe a dónde debes ir, y cuál es tu asignación aquí en la tierra. La responsabilidad tuya es obedecer al Señor con un intento sincero de seguir fielmente sus caminos, buscar intensamente ese destino hasta lograr descubrirlo, y aferrarte a eso con todas tus fuerzas y convicción.

Quizás tienes muchos años de vida, con bastante experiencia en el campo profesional, laboral y ministerial, pero sin saber exactamente cuál es el designio de Dios para ti. Con este manuscrito, quiero provocar que se active tu espíritu para buscarlo hasta encontrarlo.

Es difícil llegar a un lugar específico si no tienes una dirección correcta. Es muy incómodo y hasta angustioso intentar llegar sin la dirección precisa. Pero tienes el GPS guiándote hacia dónde debes dirigirte, qué salida tomar, y anunciándote las zonas donde hay retención, tráfico pesado y las rutas alternas. Cuando por error tomas una ruta equivocada, este aparato te lleva hacia la salida correcta. Aunque no sabes hacia dónde ir, te va redireccionando y te lleva por calles quizás desconocidas, que despiertan tus dudas sobre si de verdad llegarás, pero sientes un gran alivio, porque finalmente llegas a tu destino final.

Si no tienes la dirección correcta es muy probable que no llegues, que te detengas a preguntar a personas que dan una información que, en lugar de llevarte de forma directa, traen más confusión. En el peor de los casos, agotas todo tu combustible, solo para llegar al lugar equivocado.

Más o menos así sería para una persona que no tiene o no sabe su ***Destino Profético***. Caminarás hacia cualquier dirección y agotarás tus fuerzas y tus recursos, solo para fracasar. No podrás alcanzar el éxito ni la plenitud hasta que no sepas a dónde Dios te quiere llevar.

Sin conocer tu destino profético (los pensamientos de Dios) estarías caminando en círculos, en movimiento, pero sin llegar a ningún lugar. Es por eso por lo que muchos son infelices, se sienten insatisfechos, frustrados y decepcionados. Sienten que algo les falta, algo no está donde debe ir; sienten que su vida está incompleta.

Son muchos los que estudian una carrera universitaria durante años, y al finalizar dicen que esa no es su pasión, que realmente les hubiese gustado haber estudiado otra cosa. ¡Cuántas personas conoces, incluyéndote a ti misma, hermosa mujer, que sienten una voz en su interior que les dice: "Lo tengo todo, me esforcé y logré mis metas, pero no soy feliz, ¡siento que algo está incompleto"! Existe un montón de personas que se sienten así. Eso abarca desde la profesión que estudiaste, el marido que elegiste para pasar el resto de tu vida, el lugar donde trabajas, el tipo de oficio que ejerces en la iglesia o en la comunidad.

Tenemos que reconocer que nos hemos movido casi toda nuestra vida, impulsados por opiniones y sugerencias de otras personas; que hemos tomado decisiones solo para quedar bien con los demás. Muchas veces hemos actuado por impulso, pero no porque era lo que realmente queríamos o lo que Dios nos había diseñado.

¡Pero hoy tengo una palabra de parte de Dios para tu vida!

Profetizo. Ya no andarás en círculos. La sensación de que estás en la ruta equivocada se acabó. Ahora mismo Dios toma el timón de tu vida. Él te sacará del camino errado, y no solo te mostrará el camino correcto, sino que te llevará hacia donde Él había pensado para ti desde la eternidad. Él te dará a conocer los pensamientos que tiene acerca de ti, y tú le obedecerás y llegarás a donde Él preparó con esmero para ti, por su infinita misericordia. Le darás la gloria al que te marcó y te puso el sello de propiedad, que dice: "Mía eres tú. Yo te llamé y te escogí para cosas extraordinarias que jamás imaginaste".

Cuando se te revele lo que quiero explicarte en estas páginas, tu vida definitivamente va a dar un giro: habrá un movimiento ascendente en todas las áreas de tu vida. Lo primero que va a suceder es que tus pensamientos serán renovados, y tu forma de hablar y hacer las cosas serán distintas. Aprenderás a esperar en las instrucciones de Dios, porque ya no será tu vida a tu manera, sino tu nueva vida, pero a la manera de Dios. Eso te garantiza que pase lo que pase, todo estará bien, y aun en los peores momentos, sentirás la paz que sobrepasa todo entendimiento. Aun cuando cometas un error, Dios lo usará para bien.

Yo te llamé y te escogí para cosas extraordinarias que jamás imaginaste.

Este poderoso evangelio es por revelación. Hasta que no se te revelen los códigos divinos de las sagradas escrituras, no habrá manifestación. No es leer la Biblia, es vivir lo que en ella está escrito, es saborear cada victoria que viene por medio de sus promesas e instrucciones.

DIOS SE TE PUEDE REVELAR A TI DIRECTAMENTE

Durante años, me pasaba los días completamente desesperanzada y débil espiritualmente, deseando que Dios me mostrara mi Destino Profético, que me dijera lo que debía hacer, o esperando alguna palabra de aliento. Pero como no tenía la revelación de que Dios era mi Padre, que yo era su hija, no sabía que Él me podía hablar de forma directa y personal, y esto me hacía sentir infeliz.

Asistía a la iglesia con el deseo de que Dios levantara a alguien con una palabra específica para mí, y cuando no pasaba, salía peor de como entraba. Era una vida espiritualmente triste y hueca, pues mi condición espiritual y emocional dependía de la relación directa que tenían otras personas con Dios; Dios les hablaba a ellos y ellos hablaban conmigo. No digo que está mal si sucede así contigo, sino que, si ellos pueden relacionarse con Dios, de igual manera lo puedes hacer tú. Eso no se me había revelado a mí para aquella época. Dios siempre usó personas para hablarme en muchas ocasiones.

La relación íntima entre Dios y yo era buena, pero no suficiente. Le escribía cartas, abría mi corazón en cada una de ellas hasta con lágrimas; esto lo empecé a hacer desde el año 1986 aproximadamente. Le hacía preguntas y él me respondía, le ponía señales para conocer su Voluntad, le decía cosas hasta sin sentido, pero Él me entendía. Desde que estaba asustada, cuando tenía inquietudes o me sentía desesperada siempre le escribía. Sentía mucha paz al hacerlo, me sentía muy suya. Era como un escondite o refugio, me gustaba escribirle y aun lo hago.

Por alguna razón dejé de escribirle durante un tiempo; realmente no recuerdo bien por qué ya no lo hacía y, para mi sorpresa, llegó a mi casa una mujer a la que Dios le había dicho: —Ve a casa de mi hija Nancy y dile: ¿por qué ya no me escribes cartas? Yo siempre las leo...—. Cuando escuché eso, lloré mucho, me sentí amada, y mi fe se activó para seguir escribiéndole a mi Padre mis sinceras ingenuidades. Fue tan hermoso saber que lo que hacía tenía sentido y era importante para Dios, que se deleitaba por esa confianza que yo tenía en Él.

Cuando haces las cosas conociendo el efecto que causas, entonces eres más efectiva y perseverante en cada asunto.

¿CUÁNDO EMPEZÓ TU DESTINO PROFÉTICO?

Comenzó desde la Eternidad. Desde antes de que la voz del Padre dijera ¡sea la luz! Desde antes de nacer, desde el vientre de tu madre ya Dios tenía el diseño de tus días.

> *Porque a los que antes conoció, también los predestinó para que fuesen hechos conformes a la imagen de su Hijo, para que él sea el primogénito entre muchos hermanos* (Romanos 8:29).

Dios te tuvo en sus manos mientras tejía y formaba cada parte de ti en el vientre de tu madre. Tu vida física es la que a través de ecografía se pudo apreciar y ver que eras una niña hermosa y saludable hasta nacer; pero antes de tu concepción ya Él te tenía en su Libro. Abre tu mente a esta revelación: lo que Dios quería hacer en ti y por medio de ti está diseñado desde antes de caer en el vientre de tu madre.

Cuando la Palabra dice que el Plan maravilloso de Dios estaba predestinado, está explicando que ya estaba diseñado y elaborado de antemano. Lo que Dios predestinó para ti, Él ya lo tenía listo y preparado desde ante de tu nacimiento. Él no lo diseñó mientras aprendías en la escuela o jugando en el parque; el Plan ya estaba listo.

Quiero decirte de parte de Dios que tu vida no es tu vida, sino la vida de Dios en ti. No te irá bien haciendo lo que te parezca bueno y atractivo; la bendición y plenitud real es que hagas lo que está diseñado para ti. Hay muchas cosas que a tus ojos son buenas, ¿pero realmente es lo que Dios quiere para ti? Dios respalda lo que es su voluntad; Él pone su Etiqueta o su Sello a lo que fabricó de antemano para ti. Jamás Dios pondrá su sello en algo que Él no fabricó.

Dios jamás te convertiría en su ensayo. Todo tu caminar está arreglado y equipado. Está lista toda la provisión que vas a necesitar rumbo a ese destino. Ya todo está seleccionado, solo esperando el momento de su manifestación. Todo está agendado: las personas que vas a conocer y que te van a impulsar a llegar, los recursos financieros ya están listos, los enemigos que te harán la guerra, oposición y persecución. Están en lista también las soluciones y las herramientas o estrategias de esa guerra que enfrentarás. Están las personas que serán los buenos samaritanos que van a intervenir en momentos de crisis. Son esas personas que aparecen en tu vida justo a tiempo, que son como ángeles del cielo trabajando para ti.

La bendición y plenitud real es que hagas lo que está diseñado para ti.

Él lo sabe todo. La que quizás no sabes, eres tú, mujer. Hemos aprendido que aun la palabra no ha llegado a tu boca y ya Él las sabe todas. Quizás eres de las que no tienen la menor idea de lo que Dios ya estableció. Es posible que estés en la lista de las que se sorprende de sí misma y dicen: No sé cómo fue que lo logré. ¿Cómo llegué hasta aquí?

Salmos 139:15-16 dice:

No fue encubierto de ti mi cuerpo, Bien que en oculto fui formado, y entretejido en lo más profundo de la tierra. Mi embrión vio tus ojos, y en tu libro estaban escritas todas aquellas cosas que fueron luego formadas, sin faltar una de ellas.

Los ojos del Señor te vieron cuando aún estabas en formación, y todos tus días, cada momento de tu historia estaban diseñados y trazados. Me gusta cuando dice: "*Mi embrión vieron tus ojos"*. ¡Aleluya! ¡Estando en el vientre apenas eras un embrión y pudiste tener un encuentro personal con tu creador... pues viste sus ojos! Por eso, todo te falta sin Él, pues luego de haber tenido semejante experiencia, es imposible vivir son Él.

La versión Traducción Lenguaje Actual dice:

> *Tú viste cuando mi cuerpo fue cobrando forma en las profundidades de la tierra; ¡aún no había vivido un solo día, cuando tú ya habías decidido cuánto tiempo viviría! ¡Lo habías anotado en tu libro!*

Saber esto cambia tu perspectiva de la vida.

¿CÓMO SABES CUÁL ES TU DESTINO PROFÉTICO? ¿CÓMO LO DESCUBRES?

Tu destino profético te lo anuncia su Palabra. Nadie te puede explicar más claro lo que Dios quiere contigo que la misma Biblia. Ahí están todos los planos arquitectónicos de la construcción de tu futuro, o destino profético. A las personas muchas veces les interesa más y les es más fácil creer lo que diga la gente. No saben lo peligroso que es, pues muchos terminan confundidos y lejos del plan de Dios.

En ocasiones escucho el afán de la gente por conocer acerca de su futuro, y van a los brujos, médiums, buscando saber si les irá bien, cuál es su número de suerte. Aun personas que están por años en la iglesia tienen una conducta mundana, corriendo desesperadamente, buscando que alguien les diga algo de su futuro. Aunque es bueno consultar a Jehová y buscar respuesta en Él, son muchos los que caen presos de mensajes confusos que solo producen desvío del plan original de Dios.

Muchos saben qué dice el doctor, qué dicen las noticias, qué dicen las redes sociales, qué dijo el profeta. Y aunque bien es cierto que Dios tiene profetas que son íntegros, apegados a la boca de Dios, y solo repiten lo que Él dice, también es muy cierto que andan personas que se autoproclaman profetas, y dicen "Dios dijo", cuando Dios no ha dicho nada. Ezequiel 13: 3-6 es muy claro:

> *Esto dice el Señor Soberano: '¡Qué aflicción les espera a los falsos profetas que siguen su propia imaginación y no han visto absolutamente nada!'". Oh pueblo de Israel, estos profetas tuyos son como chacales que escarban en las ruinas. No han hecho nada para reparar las grietas de las murallas que rodean la nación. No la han ayudado a mantenerse firme en la batalla el día del Señor. En cambio, han mentido y han hecho predicciones falsas. Dicen: "Este mensaje es del Señor", aunque el Señor nunca los envió. ¡Y todavía esperan que el Señor cumpla las profecías de ellos!*

Profetas que dicen mentiras, y dicen lo que el otro quiere escuchar son causantes del desvío del pueblo de Dios. La gente no sabe que el profeta se puede equivocar, puede hablar desde sus emociones, y eso traerá sin duda divisiones en las iglesias, confusión y perturbación, pero la Biblia es la pura Palabra de la boca de Dios. Lo mejor es cuando el profeta solo te confirma lo que ya Dios le ha dicho a tu espíritu.

Debo aclarar que aún quedan profetas que traen una palabra que activan el plan de Dios sobre las vidas. Los profetas están para dar buenas noticias, pero también es para dar dirección y corrección, confrontar pecado, anunciar juicio, para llamar a la existencia cosas que aún no son. El profeta lanza la palabra que es como semilla, donde no hay ni se ve nada. Luego esa palabra germina y comienza a verse el fruto de ella. Y quien escuche la palabra del profeta y crea, será prosperado.

Pero si de verdad quieres saber cuál es tu destino, si quieres saber hacia dónde Dios te llevará, y tienes la verdadera intención de obedecer y dejarte guiar, Él te mostrará sus caminos. Solo pregunta, insiste en tu oración y ayuno buscando esa respuesta. Así dice Jehová, el Santo de Israel, y su Formador:

> *Así dice el Señor, el Santo de Israel y su Hacedor: Preguntadme acerca de las cosas venideras tocante a mis hijos, y dejaréis a mi cuidado la obra de mis manos"* (Isaías 45:11, LBLA).

No tienes que estar bien para que en tu futuro te vaya bien. Puedes estar en tu peor condición financiera o emocional, puedes estar amarrada con grilletes y cadenas, eso no importa, pues ya Dios te marcó para vivir en libertad y así lo será. Ya Dios dijo que tiene pensamientos de libertad de tu opresión, sanidad de tu enfermedad, que tu ruina y desgracia no son tu destino final. Te espera un camino próspero y de bienestar, de gozo y plenitud, donde cada día que vivas de ese maravilloso plan de Dios será extraordinario, tu boca estará llena de risa, tendrás un corazón y una mente en paz, realizando paso a paso lo que realmente Dios ya tenía establecido.

¿Quieres conocer el plan? ¿Estás dispuesta a preguntar, insistir y esperar su respuesta, y luego obedecer órdenes divinas? Pues muy pronto encontrarás esa respuesta.

CAPÍTULO 3

Destino profético II

¿QUIERES SABER EL DESTINO PROFÉTICO DE TU HOGAR?

Cree en el Señor Jesucristo, y serás salvo, tú y tu casa.

-Hechos 16:31

Si tu familia aún se resiste al llamado de aceptar a Jesús, se muestran apáticos, rechazan la verdad de Dios y andan en oscuridad espiritual, ya la Biblia anunció el desenlace: acepta al Señor Jesucristo y serán salvos tú y tu familia.[6] Camina e intercede con fe, dale buen testimonio y espera en Jehová.

Por más terrible que sea lo que estés pasando en este momento, habla audiblemente lo que Jehová dijo antes de que tú nacieras: "Mi familia será alcanzada por la salvación, ellos son salvos de toda condenación eterna". Declara, anuncia, ¡publica a los cuatro vientos, "mi casa y yo servimos a Jehová"![7] Grítalo, aunque el reino de las tinieblas grite que están perdidos y que no hay esperanza.

6 Ver Hechos 16:31.
7 Ver Josué 24:15.

Enfócate en mirar el destino profético ya antes anunciado: créelo que serán y ya son salvos.

¿Quieres saber qué dice Dios sobre tus hijos a pesar de que están en rebeldía y pecado, caminando por caminos que parecen derechos, pero que su fin es camino de muerte… aunque ahora estás mirando que su corazón está endurecido en soberbia y necedad, que no quieren escuchar el consejo, rodeados de amigos que ejercen mala influencia, que tienen relaciones perversas que los seducen cada día al error?

Levántate con fe y autoridad, y declara el destino profético que hay sobre tus hijos por causa tuya.

Levántate con fe y autoridad, y declara el destino profético que hay sobre tus hijos por causa tuya. La Biblia declara: ¡Herencia de Jehová son los hijos![8] Nunca se apartará de la boca de tus hijos y nietos la Palabra del Pacto. Profetiza a favor de tu descendencia en esta hora, que tu simiente es bendita, que no pariste hijos de maldición, que la Palabra de Jehová está y estará en su boca.

Profetizo. La amargura y la vergüenza que te han causado tus hijos, Jehová las transforma en tu mayor gozo. Profetizo que viene arrepentimiento genuino a sus corazones, que sentirán todo el peso de sus faltas y deshonra contra Dios y contra ti, y viene transformación total y completa. Profetizo que tus hijos son la alegría de tu corazón, que ellos te honrarán, que sus días serán largos.

Profetizo que tus hijos son como flechas en manos del valiente, que son reparadores de portillos. Ellos son de los que no doblan sus rodillas ante la estatua de este siglo, son de los que no se contaminan con las cosas que

8 Ver Salmo 127:3.

han sido consagradas a los demonios. Ellos son los que derriban gigantes y les cortan la cabeza. Ellos son como la tribu de Isacar, entendidos en los tiempos; sabios, prudentes, sensatos, poderosos influyentes, prósperos, pero, sobre todo, con temor de Jehová en sus corazones.

TU DESTINO PROFÉTICO FINANCIERO

¿Eres de los que diezman, ofrendan y dan primicias, y aun así estás enfrentando pobreza y miseria en tus finanzas? Realmente, los códigos que Dios nos dejó en su Palabra que nos conducen a la prosperidad, hay que estar sujetos a ellos para poder alcanzar la real bendición. Existen otros elementos que activan tu destino financiero: soltar la ofensa y los desacuerdos, consultar a Jehová antes de tomar decisiones; estas acciones potencializan el plan de Dios. Cree a la Palabra antes anunciada: Jehová abrirá su buen tesoro del Cielo y te va a bendecir con sobreabundancia.

Jehová abrirá su buen tesoro del Cielo y te va a bendecir con sobreabundancia.

En este momento activo tu destino profético financiero. No trabajarás solo para estar cansada, no echarás tu salario en saco roto. Te acompañará el favor de Dios. **Profetizo** que la pereza y el conformismo no estancarán tus bendiciones. **Profetizo** que tu impulso por las compras y el despilfarro no te llevarán a la ruina; que no te asociarás con personas de corazón perverso y codicioso.

Le hablo a la matriz de la prosperidad, ahí donde se gestan los grandes y exitosos proyectos, para que todo lo que toques sea bendito, todo lo que emprendas sea prosperado. No serás víctima de gente estafadora, estarás lejos del codicioso y del envidioso, y se activa el don de mayordomía para administrar todo lo que Dios te confíe, y tu corazón no se contaminará. Todo lo que te impide alcanzar tu bendición es removido en el Nombre de Jesús. Jehová hace que sobreabunden y rebosen tus lagares y graneros. **Profetizo** que Jehová te da el poder para hacer las riquezas;[9] ideas creativas comienzan a fluir.

Declara audiblemente: la mano diligente es la que prospera. Desde la Eternidad, ya Dios me bendijo. Él me diseñó para ser bendecida, para multiplicarme y ensancharme.

Profetizo sobre tus negocios e inversiones, que tus ganancias y tus ingresos son numerosos y te ensanchas significativamente. Tus negocios se afirman y se refuerzan con estacas más fuertes. **Profetizo** que los cielos de bronce son quebrados y se liberan tus bendiciones; que tus horas de esfuerzo y perseverancia son como semillas que han sido sembradas en buena tierra y darán frutos al ciento por uno.

Si logras entender que tu futuro es glorioso, que no morirás en vergüenza, que dejarás herencia a tus hijos, que la pobreza no es parte del plan divino, que Dios sí bendice a sus hijos, entonces tu panorama y tu enfoque cambian. Quiero que entiendas que cualquiera sea la situación que enfrentes hoy, créeme que Dios tiene algo mejor para ti. Dios se mete en tu matrimonio y tu ministerio y los

Ya Dios me bendijo. Él me diseñó para ser bendecida, para multiplicarme y ensancharme.

9 Ver Deuteronomio 8:18.

endereza, los restaura y le devuelve la vida a todo lo que estaba muerto en tu hogar.

Muchas veces vives una vida a medias, a la mitad, sin saber que todo lo que Dios tiene para ti tiene que cumplirse a su máximo potencial. Ya no puedes vivir una vida conformista si tus ojos se abren a la revelación de que Dios ya elaboró un plan perfecto y muy bueno, de tal manera que te conoció y te llamó desde antes de formar el mundo. Dios te conoce tanto que sabe todo de ti, tus virtudes y defectos, tus errores, tus logros y también conoce tus caídas y levantadas.

Él sabe las cosas que quieres y que aún no has logrado; las oportunidades que se presentaron delante de ti y que dejaste pasar. Conoce cada vez que te desesperaste, que quizás no fuiste la mejor hija, madre o esposa. Él sabe que cometiste pecados terribles aparentemente imperdonables. Él sabe que quizás estás manchada por un feo pasado, fuiste destituida de la Gloria de Dios por un adulterio, actos de lesbianismo, aborto y cualquier injusticia que es igual a cualquier error; que has estado bajo esclavitud, por muchos años, dominada por algún vicio, o un mal estilo de vida, pero aun así Él te ama y te llama.

El diseño está listo para ser ejecutado a tu favor.

El diseño está listo para ser ejecutado a tu favor produciendo los cambios necesarios para que llegues adonde Él ya dijo. Aun Dios, sabiendo todo de ti, te dice: "las cosas viejas pasaron, he aquí ahora son todas hechas nuevas".[10] Las cosas malas que has hecho no superan su Amor; tus errores no pueden competir con tanto amor de Dios fluyendo para ti, hermosa mujer.

10 Ver 2 Corintios 5:17.

Quizás tú eres de las que están frenadas porque crees que lo que ha hecho te descalifica, pero Dios te dice hoy:

—Lo que planifiqué para ti, tus tragedias no lo detienen. Todo lo que hiciste mal queda borrado por medio de la sangre de Cristo. Ahora eres participante de la Naturaleza Divina, de su Gracia y su favor. Has sido amada y aceptada por el profundo amor de Cristo.

CAPÍTULO 4

El precio del llamado

Oídme, costas, y escuchad, pueblos lejanos, Jehová me llamó desde el vientre, desde las entrañas de mi madre tuvo mi nombre en memoria.

- Isaías 49:1

Es muy fácil saberlo, pues las Escrituras nos dicen en Isaías 49 que te conoció por tu nombre; si te llamó es porque te tiene una asignación. Te llama para entregarte un don, un llamamiento, un ministerio; te llama para darte unción.

Dios no te sacó del mundo para que simplemente te sientes en una iglesia a ver cada ceremonia de los servicios del domingo y salgas igual. Él te llamó para que suceda algo poderoso en tu vida y para que suceda algo con los que están a tu alrededor, porque a través de ti Dios lo va a hacer. Cuando Dios te llama, todo lo que está patas arriba se tiene que empezar a enderezar. Cuando te llama, es para confiarte un don de su gracia. ¡Dios te llamó para lavar tus pecados y romper

Él predestinó darte la victoria, pero esa victoria está ligada a tu obediencia y tu entrega.

toda maldición! Pero ahora debes responder a ese llamado. Predestinar significa que pase lo que pase, algo va a terminar de la forma ya preestablecida. Ya Él predestinó el plan; Él predestinó darte la victoria, pero esa victoria está ligada a tu obediencia y tu entrega.

¿Crees que Dios te va a llamar estando en tragedias para que sigas viviendo esa misma tragedia y así mueras? Él te conoció y corrió a tu encuentro para darte el destino profético. Él sabía que tu familia no era la mejor. Quizás los que te criaron fueron tus verdugos. Él sabe cuán feliz fue tu niñez o qué tan cruel fue todo lo que viviste, que incluso has dicho, "¿por qué me tocó nacer en ese hogar?".

Dios sabe lo terrible que viviste, que pasaste cosas horribles hasta lo indecible, pero aquí está Dios diciéndote:

—Te preservé la vida y te guardé. Yo diseñé que tú ibas a sobrevivir en ese hogar, diseñé hacerte fuerte y que aguantarías y saldrías adelante porque tengo un destino profético para tu vida. ¡Diseñé el tipo de material con el que te formé!

Eres todo terreno porque proféticamente estás adecuada, calificada, entrenada y aprobada para cruzar por las muchas aguas y no ahogarte. Estás diseñada para caminar en el fuego y no quemarte, estás capacitada para escalar la más alta montaña de fe, y caminar en el desierto sin agua y sin camello y llegar a la tierra de la promesa al destino profético que Dios ya señaló, ¡pero viva! Aleluya. Mientras estés viva, el propósito está activo, algo quiere y tiene Dios. Ni la muerte ni las situaciones que vives pueden detenerlo; solo tú tienes la capacidad de arruinarlo.

Sansón tenía un propósito, pero sus decisiones y su conducta, su falta de carácter lo llevaron a dejarse influenciar por Dalila, y fracasó. Le dio poco valor a su Destino Profético, no honró su asignación, no se esforzó lo suficiente para cuidar lo que le fue confiado. Tenía que estar santificado y separado para Dios, pero hizo lo contrario. Se contaminó, tocó cosas inmundas, era iracundo y no guardó el secreto de su fuerza. No arruines lo que Dios bondadosamente te ha entregado. Cuida y defiende ese precioso regalo.

EL PRECIO QUE DEBES PAGAR PARA LLEGAR

Presta atención a estos versos bíblicos. Romanos 8:28-30 (LBLA) dice:

> *Y sabemos que para los que aman a Dios, todas las cosas cooperan para bien, esto es, para los que son llamados conforme a su propósito. Porque a los que de antemano conoció, también los predestinó a ser hechos conforme a la imagen de su Hijo, para que Él sea el primogénito entre muchos hermanos; y a los que predestinó, a esos también llamó; y a los que llamó, a esos también justificó; y a los que justificó, a esos también glorificó.*

Isaías 46:9-10 dice:

> *Acordaos de las cosas pasadas desde los tiempos antiguos; porque yo soy Dios, y no hay otro Dios, y nada hay semejante a mí, que anuncio lo por venir desde el principio, y desde la antigüedad lo que aún no era hecho; que digo: Mi consejo permanecerá, y haré todo lo que quiero.*

Dios promete y cumple, y ningún detalle se le ha escapado jamás. Él escogerá cuidadosamente la ruta y el tipo de transporte que te conducirá. Él cuidadosamente trabajará las áreas de tu vida que necesitan ser pulidas, afinadas y moldeadas, pero créeme que te va a doler; puede llegar a ser muy incómodo, pues habrá un quebrantamiento. Habrá primaveras llenas de rosas, pero con millones de espinas en las circunstancias que vas a enfrentar. Se paga un precio, y muchas veces muy caro y alto.

PAGARÁS EL PRECIO DE NO SABER, Y DE DESAPRENDER LO APRENDIDO

Moisés solo tenía una instrucción de sacar al pueblo de Egipto y llevarlo a la tierra prometida. Jamás imaginó todo lo que iba a enfrentar. Dios no le dijo que daría vueltas en el desierto por 40 años, que luego de salir de Egipto, Faraón lo perseguiría; no sabía que el pueblo iba a murmurar tantas veces contra él, en el primer desafío ante el Mar Rojo; que mientras él estaba en el monte Sinaí, el pueblo se levantaría contra Jehová y harían un becerro de oro. Tampoco sabía que tendrían sed y que el agua estaría amarga, que se quejarían por comida porque querían carne, que parte de su liderazgo se levantaría en su contra.

Coré, quien era un líder de renombre, fue la principal figura de la conspiración y le siguieron Datán y Abirám. Coré formó y encabezó un grupo de una manera tan fuerte, que Moisés los sentenció a ser llevados vivos al seol y así fue. Él no sabía que todo el pueblo iba a murmurar contra él. Unas 250 personas se aliaron a los infieles, pero el fuego de la ira de Jehová los consumió.[11] Al día siguiente, se levantó también el pueblo, acusando a Moisés y a Aarón de ser los responsables de la muerte de Coré y su séquito.

Acusarlos a ellos es como acusar a Dios mismo, pues fueron sus justos, pero aterradores juicios los que se habían ejecutado sobre los rebeldes el día anterior, y la ira

11 Ver Números 16:28-33.

de Jehová se encendió nuevamente. Empezó una mortandad terrible y murieron 14,700. Moisés y Aarón tuvieron que postrarse y rogar humildemente para que Dios hiciera misericordia, para que detuviera la mortandad.

¿Te imaginas la situación de Moisés con un llamado tan poderoso, tener que sepultar todas esas personas, las miradas del pueblo y los comentarios entre ellos, quizás cuestionándose en relación con su liderazgo, y todos los pensamientos que le pasaron por la mente al ungido de Dios? ¿Qué harías tú? Al primer atentado contra tu liderazgo estarías dudando de tu llamado. Me imagino todo lo que pensarías. A la primera falla estarías dudando de si de verdad Dios te está llevando al destino profético. Él tampoco sabía que un día Dios le diría que subiera con su hermano al Monte Hor, le quitara sus vestiduras sacerdotales, y vistiera a su hijo Eleazar, y que tendría que ver morir a su hermano mientras lo desvestía.[12] Tampoco Dios le dijo que ni él mismo entraría a la tierra prometida.

Muchas veces queremos saber todo, pero Dios no te dejará saberlo hasta que llegue el momento. Tu mente se llena de preguntas sin respuestas, pero si algo sé por experiencias propias es que, aunque no sepas cuál es el siguiente paso, todos te conducen al propósito si te mantienes en obediencia. Y muchas veces, obedecer duele.

EL PRECIO DE LA ESPERA

Todos tenemos que esperar, es la ley de la vida. Lo cierto es que a nadie le gusta mucho ese tema. Dicen por ahí que la espera desespera. Pero en este maravilloso camino rumbo al destino profético, la primera etapa y muy incómoda es esperar, y todo es parte del plan. Muy pocas veces Dios

12 Ver Números 20: 24-29.

habla y promete, y al instante se cumple. Hay una pausa que representa el tiempo de preparación para recibir lo prometido. La Biblia nos señala algunos ejemplos de espera para ver el cumplimiento.

Hay una pausa que representa el tiempo de preparación para recibir lo prometido.

Noé anunció por aproximadamente 100 años que venía un diluvio. Tenía 500 cuando Dios le asignó construir el arca. Tenía 600 años cuando se le dio la orden de entrar. Esperó 7 días dentro del arca antes de que empezara a llover la primera gota de lluvia (tomando en cuenta que nunca había llovido, 7 días es mucho tiempo de espera). Luego tuvo que esperar un año y diez días para poder salir del arca con su familia. ¿Crees que fue fácil? Simplemente no.

Abraham enfrentó la esterilidad de Sara, su mujer, por 75 años, y luego esperó durante 25 años al hijo de la promesa, Isaac. Dios diseñó para Abraham que fuera el padre de multitudes, ¿porque era estéril? ¿Por qué no pudo ver esas multitudes con sus ojos, aunque las vio en el espíritu? ¿Estaría tu fe tan firme si te dieras cuenta de que puede que no llegues a ver lo prometido? Solo un verdadero guerrero se queda de pie ante algo parecido.

Era José de aproximadamente 17 años cuando Dios le mostró el destino profético de su llamado. Él tenía que gobernar sobre sus hermanos, pero fue vendido como esclavo. Estuvo dos años en la cárcel. Tenía 30 años cuando se presentó delante del faraón. Luego pasaron los siete años de abundancia y ya se habían iniciado los siete años de escasez cuando al fin comenzó a gobernar sobre ellos.

David era menor de edad cuando lo ungieron como rey, y aun así tuvo que esperar años antes de tomar la silla del palacio real y empezar a gobernar. Años huyendo y escondiéndose, tiempos que no sabía qué más hacer para sobrevivir ante las amenazas de Saúl, pero finalmente llegó el momento del cumplimiento. El mismo nacimiento de Jesús fue anunciado por aproximadamente 700 años. De seguro que tú no tendrás que esperar tanto, pero sí lo suficiente para prepararte y estar lista para recibir tu bendición.

EL PRECIO DEL DESPRECIO

Por lo regular los de afuera ven tu potencial mejor que tú. Ellos no te ven de forma simple, ni común y corriente. Ellos te ven en la posición final, por eso te temen. Hasta el infierno ya sabe quién eres y lo que serás, él percibe tu potencial, y ahora hace falta que seas tú quien lo reconozca. Lo triste es que quienes te desprecian por lo regular son los de tu casa, o personas relacionadas contigo que aspiran a que tú misma te descalifiques y auto desprecies. Escuchar y prestar atención a este tipo de comentarios puede producir intimidación y finalmente te afectan de tal manera que bloquean tus dones.

Los de afuera ven tu potencial mejor que tú.

Tanto los hermanos de José, como los hermanos de David, despreciaron la posición espiritual dada por Dios. Tuvieron por poca cosa lo que sería el destino profético *"Aquí viene el soñador... dijeron"* (Génesis 37:19). Sus hermanos conspiraron para matarlo, pero mayor era el plan divino. No pudieron tocarlo, pues tenía el Sello del Espíritu y una poderosa asignación: llegar a ser gobernador del imperio más grande de su época, Egipto.

> *Y **Eliab**, su hermano mayor, oyó cuando él hablaba con los hombres; y se encendió la ira de **Eliab** contra David, y dijo: ¿Para qué has descendido acá?*

¿Con quién has dejado aquellas pocas ovejas en el desierto? Yo conozco tu soberbia y la maldad de tu corazón, que has descendido para ver la batalla (1 Samuel 17:28, LBLA).

Eliab, hermano mayor de David, jamás creyó que este pequeño jovencito podría derribar un gigante, porque a su parecer David apenas podía pastorear unas pocas ovejas en el desierto. Y mucho menos imaginó que podría ser rey y obtener la fama y prestigio de valiente guerrero. Para ellos David no era nadie, pero era el único hombre con un corazón conforme al corazón de Dios. La opinión de ellos de seguro dolía, pero mayor era la opinión divina.

En muchas ocasiones fui despreciada por mi estatus social. La gente me miraba y hacía las comparaciones entre la fama de ser una cantante cuya música tocaban todas las emisoras, y al verme no estaba, según ellos, a la altura de su imaginación. Menospreciada por ser mujer y predicar, menospreciada por colegas cantantes contemporáneos de mis inicios, sus palabras no muy halagadoras decían que ni mi madre escucharía mi música, por no tener la calidad según sus criterios. Era menospreciada hasta en lugares donde fui invitada a cantar.

Pero por encima de todo, estaba la Palabra Profética gravitando sobre mí; estaba marcada la ruta hacia mi Destino Profético, y aquí estoy después de casi tres décadas. Dios sigue ensanchándome, añadiéndome cada vez más todo lo que Él escribió de mí en su Libro.

EL PRECIO DE LA ENVIDIA

Por eso algunas personas maquinan en tu contra para bloquear la intensidad de lo que llevas por dentro y lo que Dios determinó para ti. Ven que eres alguien con la capacidad y, más que eso, están mirando la Gracia Divina cubriéndote, y van a envidiar ese depósito, van a desear estar en tu lugar, y como no pueden, no tienen la cobertura, te envidiarán hasta odiarte y tramar cómo deshacerse de ti.

Así como los hermanos de José lo vieron venir y planificaron matarle, siempre el propósito hizo un escudo. Cambiaron de opinión, lo vendieron como esclavo y José fue a parar lejos de su padre, en otro pueblo, otra cultura y otra costumbre. ¡Quién diría que alguien que tenga llamado tiene que pasar por tantas situaciones! Cuando sucede, todos dudan y hasta se burlan del supuesto destino profético.

EL PRECIO DE LA DIFAMACIÓN

Antes de la promoción viene la difamación. Una falsa acusación llevó a José a la cárcel. Parece que era poco lo que José había vivido; la mujer de su jefe se obsesiona con él, y como no accedió a los caprichos de la dama, entonces, furiosa, sin saber que, difamándolo, lo promovía y lo acercaba a su destino, lo acusó de abuso sexual. Terminó, no solo con la reputación de empleado de confianza tirada por el piso, sino que también fue a la cárcel un poco más de dos años.

Cuando no tengas salida, Dios va a crear una puerta exclusiva para que logres escapar.

Allí, igual que cuando estaba trabajando como mayordomo en la casa del alto funcionario, la mano de Dios estaba con él y todo lo que hacía prosperaba. De repente, salió directamente a gobernar en el palacio del faraón.

Presta atención a esto. Por el hecho de que tengas destino profético no significa que no tendrás duras y crueles batallas que te dejen sin aliento, sin explicación, sin justificación. Lo que sí te garantiza es que cuando estés al borde del precipicio, vendrá la ayuda. Cuando no tengas salida, Dios va a crear una puerta exclusiva para que logres escapar. Permitirá que sucedan eventos a tu alrededor solo para empujarte a ese maravilloso plan. Así que abre bien tus ojos para que veas cómo Dios va actuando a través de las circunstancias.

Cuando caminas dentro del plan de Dios, pase lo que pase, tendrás de forma extraordinaria la intervención de Dios. Aunque intenten matarte, no podrán porque Jehová te librará. Puede ser que te vendan como esclavo y te lleven lejos, pero Jehová usará eso a tu favor para conectarte con tu destino.

Saúl persiguió a David por muchos años. Él tenía ejército, armas y servicio de inteligencia. Dios no le evitó la persecución, pero sí le libró muchas veces de ser asesinado. Daniel era un hombre justo, fiel e íntegro, sin embargo, Dios no le evitó ser acusado y metido en el foso de los leones. El Ángel del Señor intervino sorpresivamente, y les cerró la boca a los leones. No evitó a los tres varones ser puestos en el horno de fuego, pero personalmente Jesucristo mismo los acompañó, salieron victoriosos y su ropa ni siquiera olía a humo.

Dios hará lo que tenga que hacer para cumplir todo lo que Él diseñó.

Hay cosas que Dios no te va a evitar, simplemente Él las va a permitir porque son parte del plan. Él puede permitir que una persona falle o cometa un error solo para que tú ocupes su lugar. Él va a provocar que alguien sea puesto en balanza y hallado en falta, que luego sea destituido y desechado, para después colocarte ahí. No te librará de caer en las muchas aguas, pero no dejará que te ahogues. No te va a librar de caer en fuego, pero te promete y te garantiza que no te quemarás. Dios hará lo que tenga que hacer para cumplir todo lo que Él diseñó.

CAPÍTULO 5

Párate en la brecha

Busqué entre ellos alguno que levantara un muro y se pusiera en pie en la brecha delante de mí a favor de la tierra, para que yo no la destruyera, pero no lo hallé.

—Ezequiel 22:30, LBLA

No todas las personas están dispuestas a levantar vallado (muro de protección) alrededor de situaciones donde hace falta la intervención de Dios. Lo que lleva a una persona a pagar el precio de pararse en la zona de conflicto es el amor.

Yo sé que hay algo que realmente tú amas que está corriendo peligro y vale la pena la batalla. Te paras en la brecha porque si no lo haces tú, ¿entonces quién? Amas tanto lo que más amas que, ¿serías capaz de dejar en manos de un extraño la asignación de defender lo que dices amar?

Este capítulo lo dedico a la Real Guerrera de Dios. Te lo dedico a ti, mujer hermosa, que más que hija, esposa y madre abnegada y amorosa, eres violenta en el

Lo que lleva a una persona a pagar el precio de pararse en la zona de conflicto es el amor.

mundo espiritual, eres perseverante, enfocada, obstinada, dispuesta a pagar el precio de tu bendición.

Cuando te digo que te *pares en la brecha*, es porque yo lo hice, y tengo las evidencias del poder maravilloso del Dios en cuya presencia estoy y vivo. Cuando te digo que te pares en la brecha es que tengas la capacidad de reconocer el problema, una situación que no es pasajera y manejable que un simple consejo o conversación de 15 minutos lo pueda arreglar, sino que puedas percibir cuando es una crisis que, si no la atiendes tomando las medidas de control, podría ser mortal.

Pararte en la brecha es entrar en el campo de batalla cueste lo que cueste, pelear literalmente cuerpo a cuerpo con el enemigo, y salir con la victoria en tus manos.

CUANDO Y POR QUÉ DEBES PARARTE EN LA BRECHA

- Cuando ves que el matrimonio está despedazándose en tu propia cara en infidelidades, violaciones y maltratos
- Cuando ves a tus hijos relacionándose con personas que los desvían de lo correcto, participando de actividades, ideas o corrientes de pensamientos antivalores que son totalmente contrarios a los principios que establece la Biblia, y van caminando rumbo a la perdición con amistades tóxicas y relaciones pecaminosas
- Cuando tus hermanos se odian entre sí, o se levantan contra sus padres
- Cuando ves tu iglesia o ministerio estancado y siendo atacado por diferentes espíritus del reino de las tinieblas

- Cuando tus negocios están en total derrota y por más que has intentado salvar el asunto, parece que todo está perdido

Guíate por estos ejemplos, y escribe en este espacio las razones personales por las que te pararás en la brecha.

____

____

____

____

Te pararás en la brecha quieras o no, ¡lo entiendas o no! ¡No hay opción! Los miedos, la cobardía no son parte del ADN de una mujer que se para en la brecha y que conoce su destino final. La queja y los reclamos no son estrategias efectivas de una mujer parada en la brecha. Te puedes asustar, pero jamás acobardar. Hoy te conviertes en una *mujer de fe* y agresiva a nivel espiritual que sabe que, si no sacas al enemigo de tu territorio, él podría destruirte a ti, tu casa y todo lo que tiene tu nombre.

¡Tú no puedes tenerle miedo a un enemigo vencido! No puedes ser conformista, mujer. Dios tiene algo mejor para ti, y por tu conformismo puedes quedar reducida a vivir insatisfecha con una vida mediocre y vacía. Quizás tienes un marido, pero es un hombre que literalmente está divorciado de ti emocionalmente. Viven juntos, pero no revueltos; hablan, pero no conversan; se miran porque no son ciegos. Pero sabes que se acabó el amor, la confianza y el respeto mutuo. Quizás tienes hijos, pero no te respetan, te avergüenzan con sus actos, son tu amargura y tristeza, y la vergüenza de su padre. Tienes trabajo, pero es más sacrificio y cansancio que los centavos que ganas.

No puedes conformarte y tirar la toalla, sabiendo que tienes un propósito maravilloso en Dios.

No puedes conformarte y tirar la toalla, sabiendo que tienes un propósito maravilloso en Dios. Tienes ministerio, pero está seco y desgastado, sientes la oposición y no despegas. Entonces ya sabes lo que tienes que hacer.

¡Esto harás! Párate en la brecha y declara audiblemente y con autoridad en este día:

> Mi vida cambia en el Poderoso Nombre de Jesús. ¡La paz regresa a mi hogar! Viviré una vida digna de una hija de Dios. ¡La atmósfera pesada de dificultades e imposibilidades es transformada por medio de la Sangre de Cristo! A partir de hoy, mi vida cambia de forma progresiva y definitiva.
>
> Le ordeno al enemigo salir de mi territorio. ¡Estás operando ilegalmente y no lo voy a tolerar más! Las estrategias que has utilizado para entrar a mi vida serán expuestas y paralizadas. Te prohíbo tu ataque contra mi familia, no la destruirás, te lo prohíbo, pues sé que tienes mis bendiciones secuestradas, pero hoy en el Poderoso Nombre de Jesús, la fuerza del Espíritu Santo libera todo lo que fue puesto en cautiverio.

Luego de que hagas esa declaración yo **profetizo** para ti:

> Todo lo que está impidiendo que te pares en la brecha, y lo que no te deja permanecer en la brecha, son quitados en el nombre de Jesús. La ambivalencia, la pasividad, el conformismo y el cansancio que te han bloqueado, ¡ya no estarán más! **Profetizo** hoy que tus heridas son curadas, y te pararás firme ante el monte que se interpuso para que te desalientes y desistas.

Activo en tu vida la palabra profética: **¡La montaña de imposibilidades la escalarás, o la derribarás!** Ese monte de oposición está destinado a ser destruido, así que afirma tus pasos, agudiza tus estrategias y acciona. No sueltes tu posición de batalla, pues tu montaña se convierte en llanura, o se convierte en polvo. Esto es así: la montaña cae por las buenas o por las malas.

¿EN QUÉ CONSISTE ESTAR PARADA EN LA BRECHA?

Consiste en hacer cambios de prioridades, y tener enfoque. Lo que antes te daba igual o no lo veías como una amenaza o peligro, ahora le prestas atención. Nada es insignificante. Todo lo que veas o escuches es vital para saber cómo actuar durante la guerra espiritual. A veces vemos y oímos cosas que pueden dañar nuestra familia y decimos, "eso no es nada, es una broma, es una rabieta de muchacho adolescente, ya se le pasará", y debes tener cuidado en todo momento, porque el diablo no duerme ni descansa.

No es que te vas a convertir en una paranoica, sino que tu radar espiritual estará activo para detectar toda obra del reino de las tinieblas, y también para escuchar de forma muy clara la voz de Dios. Tu victoria consiste en hacer esta guerra con sabiduría.

Mejor es la sabiduría que las armas de guerra... (Eclesiastés 9:18)

Una de las características que van a distinguirte a partir de hoy, será tu lenguaje. Palabras de fe y autoridad es tu idioma. No te dejarás influenciar por los que matan la fe, que no son más ni menos que asesinos de todo aquel que camina en el Espíritu; personas que están en contra de todo lo que no entienden, y no les importa qué ha dicho Dios. Solo creen y defienden lo que su mente estrecha y sin vida les permita pensar. Son personas que no han tenido un encuentro con la verdad de la Palabra revelada, y desconocen completamente qué es y cómo funciona la guerra espiritual y la unción profética.[13]

Palabras de fe y autoridad es tu idioma.

Mujer, no te adaptes a lo que no está alineado al plan de Dios. Observa todo lo que te rodea; si no está alineado a lo santo, puro, honesto, justo, bueno, no te adaptes. No te resignes a vivir en pecado, en adulterio, o fornicación, no toleres pensamientos suicidas y sucios. No te conformes con ser "la otra", ni ver a tus hijos perdidos en homosexualismo, drogas, vicios y rebeldía. Párate en la brecha en contra de todas esas cosas, pelea y defiende tu territorio.

No te quedes de brazos cruzados ante un diagnóstico del médico que dice que no hay esperanzas de vida. No puedes permanecer solamente observando tu iglesia que no crece, enfrentando sequía espiritual, división, celos ministeriales, chismes, traiciones, enfermedades, pobreza y miseria. Debes hacer algo y eso es ya.

Ezequiel 22:30, citado antes, nos dice que Dios personalmente busca personas capaces de pararse en la brecha. Busco a alguien que ponga entre ellos y yo, un muro de oración y que los proteja como una muralla, alguien que me ruegue, que ore, que gima, que interceda a favor de la tierra para evitar que yo los destruya, y no he encontrado a nadie.

Eso fue en los tiempos del profeta Ezequiel, pero esta vez, Él te va a encontrar a ti, lista para hacer lo que tengas que hacer para que se cumpla el consejo de Dios.

13 Ver Efesios 6:13.

¿QUÉ ES LA BRECHA?

Brecha significa, abertura, rotura irregular hecha en una superficie, lugar vulnerable que está expuesto a los enemigos, o sea, es una puerta abierta que le permite al enemigo entrar con facilidad. Es donde hay una debilidad, donde hay pecados, abusos, falta de respeto a los padres, opresión al extranjero, huérfanos y las viudas; injusticia, sobornos, chantajes, derramamiento de sangre inocente, crímenes, violaciones, inmoralidades abominables y toda clase de cosas repugnantes delante de Dios.

Cuando hay abandono de la fe en tu casa, y se vuelven al pecado, se apartan de Dios y viven en depravación e iniquidad, es el momento para que alguien como tú, hermosa mujer, te pares en la brecha, pues si no lo haces, la ira de Dios se va a desatar y destruirá a todo aquel que voluntariamente se ha desviado.

La gente que ha provocado a Dios a ira, el furor les puede alcanzar. Cuando hay abominación ante Jehová, lo que corresponde es castigo, pero, si Dios encuentra a alguien como tú con un corazón bondadoso, pero guerrero que interceda y active la misericordia, Dios puede aplacar su ira y no destruir.

Dios es soberano, y está por encima de todo. Cuando Él habla nadie lo puede contradecir, pero, aun así, cuando hay crisis, Él, como es Amor, quiere encontrar una razón para no golpear la tierra, y dice: "si tan solo encuentro a alguien que se pare en la brecha para que yo no tenga que mandar juicio; si tan solo encuentro uno, no lo haré".

Aquella vez Dios buscó y no encontró a nadie, ¡pero esta vez sí, aleluya!

Profetizo: Hay cosas que ya Dios tiene listas para hacer, pero por tu oración intercesora profética y de humillación.

Tu oración intensa activará su amor eterno, hará que Dios baje la intensidad de su juicio y el peso de su látigo se suavizará. Por causa de tu clamor se moverá el corazón de Dios a misericordia. Tú eres de las que tienen un lugar especial en su corazón.

Te invito a leer el capítulo 21 de Ezequiel y te darás cuenta de que era urgente encontrar a alguien. No te puedes parar en la brecha sin primero reconocer la realidad de cada situación. No puedes minimizar el problema; debes verlo en crudo, sin maquillaje y sin filtro.

He visto cantidad de personas queriendo que Dios obre a su favor, pero no reconocen la falta, más bien la justifican. Tienen miedo de reconocer la raíz del problema y así no se puede mover la mano de Dios a misericordia. Pero tú, levántate en clamor, con la sensibilidad suficiente, reconociendo que tú has fallado en ser tolerante y permisiva de cosas que no le agradan a Dios. Ora con actitud de arrepentimiento genuino, por tu alma ponte a cuentas con Dios, y luego ora por ellos.

Dile a Dios: si ellos te han negado, yo no te he negado. Si ellos han hecho cosas delante de ti que son terribles y no te han pedido perdón, aquí estoy yo pidiendo perdón en su lugar. Ellos no buscan tu rostro, yo sí lo busco. Ellos no quieren hacer tu voluntad, ¡pero he aquí una mujer que quiere hacer tu voluntad y te ama!! ¡Padre, por amor a mí, detén tu furor y castigo! ¡Ten misericordia y transforma mi casa!

¿Sabías que Dios siempre está esperando encontrar a alguien sensible, alguien que sepa que su asignación es orar, interceder por los que andan de espaldas a Dios y que mueva su corazón a misericordia?

CAPÍTULO 6

Amenaza de terremoto

Oye la palabra de Jehová: Así ha dicho Jehová el Señor: He aquí que yo enciendo en ti fuego, el cual consumirá en ti todo árbol verde y todo árbol seco; no se apagará la llama del fuego; y serán quemados en ella todos los rostros, desde el sur hasta el norte.

- Ezequiel 20:47

Era el 19 de enero del año 2012. Dios había estado mostrando que venía juicio contra República Dominicana. Era terrible lo que Él mostraba. La tierra se sacudiría, vendría un terremoto y luego un tsunami. A principios de ese mismo mes había temblado en una escala 5.8, pero Dios nos decía que venía algo peor y que oráramos por misericordia. Dios me había mostrado en varias ocasiones que venían sus juicios desde antes y después del terremoto de Haití, en el 2009.

Lo comenté con mi esposo y mis hijos, algunos pastores, y nos daba terror solo imaginar lo que podría ocurrir. En unas de mis visiones, me vi cómo yo gritaba por las calles de mi ciudad diciendo: "Arrepiéntanse, viene juicio de parte de Dios". Esto lo repetía una y otra vez hasta que el agua entró, y vi a muchos desaparecer, y a otros ser rescatados de la violencia del mar, de forma milagrosa.

Luego esas visiones fueron cada vez más claras y con más detalles, y entramos en estado de alarma cuando escuchamos a más personas diciendo lo que Dios les había mostrado o hablado. Llamé a personas del gobierno de mi país para decirles lo que pasaría, con la intención de que proclamaran a toda la nación la urgencia de orar. Su respuesta fue que no querían alarmar a la población, pero que ellos se unirían a nuestro clamor, pues les dije que lo único que nos libraría sería la humillación ante Dios. Llamé a mi equipo de oración, entendieron la urgencia y decidimos ir al templo a orar y gemir.

El jueves 19 de enero a las 8 de la noche, nueve personas entramos a la iglesia y oramos pidiendo perdón por el país, pidiendo misericordia. Nos pusimos en lugar de los pecadores más crueles de esos meses que habían asesinado turistas, habían masacrado muchas mujeres. Todos los meses anteriores las noticias solo decían cosas terribles y abominables ante Dios y los hombres.

Oramos toda la noche sin parar con lágrimas amargas. Al día siguiente había más de 50 orando en el altar. Y solo escuchaba en mi oído:

—¡Es que lo tengo que hacer!. Y ahí más orábamos, aumentaba el dolor y clamor. Una y otra vez decía el Señor con voz de cansado del pecado:

—Lo voy a hacer. Y más llorábamos en su presencia. Para el sábado 21 (día de celebración de una de las entidades idolátricas más fuerte de nuestro país), más de 100 personas se unieron a nosotros.

Mientras llorábamos y nos retorcíamos como mujer con dolor de parto, le preguntábamos a Dios por qué Él haría su juicio, y nos llevó a Ezequiel 20. Cada descubrimiento era como activar las llamas del clamor por misericordia. Era un luto terrible. Aquella noche fue muy oscura, amarga y muy rara. Los minutos corrían lentos.

Recuerdo que fui a mi casa con mi esposo; ya teníamos varios días sin comer, solo tomábamos agua. La idea era hacer un café, me bañaría y regresaría a la iglesia a seguir orando. El

Señor me dijo que no tomara nada, solo agua. Sentía el pánico cruzando por todo mi cuerpo, pues en mis visiones había visto que mi país se había sacudido tan fuerte que se partió en varios pedazos, que solo podía ser cruzado en botes o lanchas.

Todos esos meses anteriores dormía con toda precaución, llaves de la casa y del carro a la vista, zapatos y ropa fácil de poner, todo listo cerca de nuestra cama. Ya les habíamos dado instrucciones a nuestros hijos de qué hacer si temblaba la tierra. Les marcamos la ruta que debían hacer para el escape, y si estaban fuera de la casa en sus respectivos compromisos de iglesia o escuela, qué debían hacer, y a dónde ir.

Así como Abraham se paró en la brecha y pidió misericordia por Sodoma y Gomorra, y no hubo forma de detener el castigo porque la maldad era demasiada, pero al menos Dios salvó a Lot, cuando yo viajaba, oraba pidiendo: —Dios, si mientras viajo decides hacer temblar mi país, por favor, salva a mis Lot. Entraba a las habitaciones de mis hijos y oraba por ellos pidiendo misericordia para ellos y mi familia. Era tan fuerte en mi espíritu la convicción del castigo que no tenía la menor duda.

Esa noche, regresamos a la iglesia. Liliana, una de nuestras pastoras, había recibido una palabra de parte de Dios que la orden de muerte ya estaba, pero que la muerte no podría dañar a los que tenían el vino y el aceite. Ella mezcló los dos elementos y ungió a todos mientras cantaban y oraban. La profeta Germania, con lágrimas en sus ojos, me dice que Dios nos estaba dando una instrucción muy fuerte en el libro de Ezequiel 21 y que yo era la persona que debía hacer un acto profético de juicio.

Me sentí aturdida, no sabía qué hacer, hacerlo era como matar a mi propia familia, a mis hijos, hermanos de la iglesia, vecinos y conocidos. La orden era de agitar las manos y decirle a la espada justiciera de Dios por dónde debía entrar a ejecutar la matanza. Oré y lloré como niña desconsolada, abracé a mis hijos, les dije que los amaba como nunca, pero que debía obedecer a Dios. Ser intercesor no es fácil, es una de las asignaciones más difíciles.

Oramos aquella noche pidiendo perdón y misericordia, pero también le expresamos a Dios que nos dolía el pecado, y que nos repugnaba ver tanta maldad, que amábamos lo que Él ama y que rechazamos y odiamos lo que Él odia. Reconocimos que el pecado había llegado ante su presencia, la maldad subió y con toda razón debía venir la espada. ¡Pero si hemos hallado gracia ante tus ojos, si nuestro clamor ha subido ante tu Trono, por favor, detén tu ira, por favor, y si ya no hay remedio, ni nada más que podamos hacer, si ya estás resuelto a destruir toda la perversión de esta nación, pues ¡ejecuta ahora!

Comencé a mover mis manos de un lado a otro. Le dije:

—Tú dijiste que la espada asesina ya está afilada y lista para degollar. Señor, entra y con tu mano derriba los altares idolátricos, de perversión, destruye los altares de Jezabel de manipulación y asesinato. Con tu furor y tu ira, destruye todo lo que debe ser destruido, destruye los lugares donde se hace derramamiento de sangre inocente.

Dijimos tantas cosas más, que la verdad no recuerdo cuánto duró eso, pero sé que terminé sin fuerzas tirada en el piso llorando, con el dolor más terrible que jamás había experimentado. Sentía el dolor del castigo. Esa noche vi a jóvenes llorar pidiendo a Dios que salvara a sus padres, amigos de su escuela y a sus maestros. Todos en el piso de la iglesia imploraban salvación y misericordia.

Ya era de madrugada cuando parecía calmarse todo. De repente alguien lanzó un grito, pues decía que estaba mirando a unos hombres montados a caballo fuera de la iglesia. Yo no tenía fuerza para levantarme del piso, pero todos se asomaron a los cristales del edificio y vieron, y eran hombres mirando al segundo piso, pues ahí estaba nuestra iglesia. Mi esposo impidió que la gente saliera de la iglesia, pues se asustaron mucho. Él dice que eran más de 20 hombres sobre sus caballos, parados, solo mirando hacia nosotros sin moverse.

No sé si los hombres a caballo se quedaron mucho tiempo ahí parados, pero de repente todo se aquietó. Creo que quedamos medio desmayados o dormidos, y de pronto Dios nos habló y nos dijo: "Pídanme que ponga ángeles en las represas y en las cuencas hidrográficas, pídanme que coloque ángeles en los túneles y elevados y en los bordes del mar sobre las rocas, para impedir que el mar salga de su lugar. La iglesia alzó su voz en clamor pidiendo con detalles cada cosa, orando para que las fallas y placas tectónicas fueran custodiadas por ángeles.

Otros oraban con alegría, pues sentíamos que Dios había aplacado su furor por causa de nuestra obediencia y humillación en clamor. De ese lugar salimos el lunes, pues nos quedamos dando gracias por habernos escuchado. Se fue el terror y sentimos la paz de Dios que nos cubría y fluía por toda la iglesia. Fue terrible, pero maravilloso.

> *"En la medida en que la placa de Norteamérica penetra por debajo de la placa del Caribe acumula suficiente energía elástica y cada vez que la energía acumulada entre ambas placas tectónicas supera la resistencia del plano de fricción, se produce una fuerte sacudida sísmica.*
>
> *"La isla de Santo Domingo está atravesada por varias fallas tectónicas, dividiendo el territorio en placas de mayor o menor actividad. Se considera la región norte como la más activa.*
>
> *"Ya en otras ocasiones han ocurrido terremotos en la región norte del país producidos entre 1562 y 2003. Las ciudades de Santiago y la Vega viejas fueron destruidas por terremotos en 1946. Un*

movimiento sísmico produjo un maremoto (tsunami) en Matanzas de Nagua, donde murieron cientos de personas".[14]

¡Quizás sea fácil de narrar y para ti sea fácil imaginar mientras lees estas líneas, pero créeme, no fue fácil! Era la sensación de que al orar pidiendo que la espada asesina golpeara la tierra, yo sentía que era mi responsabilidad los que iban a morir por causa del juicio. Decir una y otra vez, con fuerte voz, ¡si ya no hay más nada que hacer para impedir la ira, pues azota la tierra! Esa noche fue terrorífica para todos. Dios libró nuestro país por nuestro clamor; al menos se detuvo. Creo que fue probado nuestro nivel de obediencia. Éramos capaces de pararnos ante el conflicto y hacer un muro de contención a favor de nuestro país.

Pararse en la brecha es ponerte de acuerdo con el corazón de Dios. Él quiere que veamos de qué material estamos hechos, y qué somos capaces de hacer por Él. Quiere ver que estamos dispuestos a todo, aun dispuestos a perderlo todo por causa de la obediencia.

Pararse en la brecha es ponerte de acuerdo con el corazón de Dios.

Al pararte en la brecha debes hacerlo en justicia y sin sentimentalismo. No puedes esperar respuesta de Dios si lo que pides es injusto. No puedes hacer guerra espiritual en injusticia, solo por un capricho. Mientras orábamos, sentimos la culpa de todos y pedimos perdón. Nos sentimos responsables del pecado de todos, sentíamos la vergüenza y esa sensación de: Dios tiene razón para querer hacer esto. Oramos hasta sentir que el furor de su ira se aplacó. No sueltes tu posición hasta que no tengas respuesta de Dios.

14 Consulta en línea: Google; *página de Oficina Nacional de Meteorología República Dominicana.*

CAPÍTULO 7

En la brecha por tu esposo

Para que habite Cristo por la fe en vuestros corazones, a fin de que, arraigados y cimentados en amor, seáis plenamente capaces de comprender con todos los santos cuál sea la anchura, la longitud, la profundidad y la altura.

—Efesios 3:17-18

He tenido que pararme en la brecha por mi esposo, mis hijos, mi iglesia y por mi propia vida. Y he visto a Dios obrar en misericordia y me ha dado la victoria.

Cuando mi esposo no conocía su posición en Dios y no tenía identidad de hijo de Dios, la mayoría de las veces él hacía todo a su modo. Era chocante para mí, pues él escribía canciones lindas, la gente recibía ministración a través de ellas. Recuerdo que mucho antes de ser novios, Dios me había dicho que le daría bendiciones a él para que las compartiera conmigo, y aunque yo no entendí el mensaje, no sabía que las canciones eran esas bendiciones que Dios le daba a mi marido para que yo las interpretara. Pero sí tenía un sentir profundo en mi corazón de que había algo más para él, que no era simplemente escribir y producir discos.

Durante unos años estuvo completamente desviado y fabricó una vida fuera del plan de Dios. Hizo negocios que fracasaron y perdimos dinero, comenzó a hacer vida política sin consultar a Dios y no funcionó. Nuestra relación se empezó a deteriorar, se rompió la comunicación entre nosotros, ya no había nada en común aparentemente. Todo se volvió un desastre entre nosotros, y mi corazón se llenó de iniquidad y de injusticia, de dolor y rabia.

Puse en consideración separarme de él, hasta me imaginaba viviendo en otro lugar sin él. Lloraba, maldecía, lo culpaba, otras veces me culpaba a mí misma, estaba en oscuridad y no veía salida. Oraba, pero era acusándolo a él y justificándome yo, cuando el único que podía justificarme era Jesucristo (justificar significa "hallado sin culpa o quitar la culpa"). Mis oraciones, que eran de día y de noche, no causaban efecto por causa de mi iniquidad, y la iniquidad es peor que el pecado mismo; es injusticia y toda injusticia es pecado y yo no lo sabía.

Un día le pedí que se marchara de la casa y, siendo honesta, no se lo pedí. Le grité que se fuera, le tiré la ropa al piso, él me escuchó muy bien y se fue con todo. Luego me puse a llorar, pues en verdad no era eso lo que quería. Desde lo más profundo de mi corazón, quería un marido lleno del Espíritu Santo. Yo solo quería un milagro.

Cuando hay iniquidad en nosotras, hacemos todo asegurándonos de causarles mucho dolor a los demás, y nos volvemos insensibles. Quiero que sepas que el trabajo del enemigo es romper relaciones sanas, destruir hogares y matrimonios, y no puedes permitir que él se lleve la victoria. Ganar la guerra por el matrimonio es duro, pero es a la vez sencillo. Solo observa lo que satanás le dice a tu mente, y haz lo contrario.

Lo que yo necesitaba realmente era una intervención de Dios en nuestra relación. Deseaba que mi esposo volviera, y así fue. No pasaron 30 minutos y él me llamó pidiendo que le abriera la puerta, mientras yo me secaba las lágrimas para no demostrarle debilidad. Le preguntaba detrás de la puerta, de forma muy áspera, qué quería y por qué tocaba la puerta. Él respondió que vino para buscar su cepillo de dientes, y ya no salió. Ya sé que te estás riendo, pero fue así.

Lo amaba y lo odiaba, quería que estuviera en casa y a la misma vez que se fuera. Ni yo misma me entendía. Me quejaba por todo, no toleraba nada, exigía y reclamaba y cada día se empeoraban las cosas. Estaba tan aturdida con todo, que solo veía sus faltas y no las mías. Sentí que dejé de amarlo y que nuestra relación ya no funcionaba.

APRENDÍ A ORAR

Un día Dios me enseñó a pararme en la brecha. No sabía qué era eso, pero Él me enseñó a orar correctamente. El Señor me habló y me dijo: "Hay bendiciones que son tuyas, pero no puedo entregártelas porque eres muy pasiva. Necesito que te vuelvas agresiva espiritualmente". Luego me mostró en una visión que el enemigo quería hacer polvo mi matrimonio, y me mostró que usando la autoridad espiritual podía detener el ataque fulminante. Durante mi aprendizaje, Dios me confrontó, sanó mi corazón y entonces me paré en la brecha por el alma de mi esposo. Mi oración cambió. Mi lenguaje cambió y sigue moldeándose aún.

Le rogué a Dios que por amor a tantas vidas que se habían convertido por causa de las canciones que él había escrito y tantas personas que habían sido bendecidas por él, que por su misericordia lo salvara. Oré, gemí, reprendí, hice actos proféticos, me calmé en ocasiones, me desesperaba en otras, pero seguía en la brecha reclamando un milagro de transformación y restauración. Años después, Dios obró a mi favor.

Yo oraba diciendo:

—Señor, así como cambiaste a Saulo, cambia a mi esposo; así como lo confrontaste, hazlo con él también. Tíralo del caballo, haz que choque contigo y te reconozca. Quita el corazón de piedra, ponle uno de carne. Derriba sus argumentos y cambia su forma de pensar. Remueve a los amigos que le inducen a alejarse de ti, los malos consejeros, los que seducen al mal. Sácalo de esos caminos que parecen derechos, pero que su fin es camino de muerte.

Aun de madrugada me levantaba a pedir más.

—Señor, ahora que él duerme, entra en su sueño, invádelo, acorrálalo, aterrorízalo hasta que cambie de pensamiento. Minístrale mientras duerme, haz que sueñe, que tenga visiones sobrenaturales que produzcan un arrepentimiento genuino, y que voluntariamente él decida hacer las cosas a tu manera y no a la manera de él.

—Señor mío, rompe las cadenas, ligaduras en su alma que lo atan y le impiden rendirse y servirte de forma sincera. Rompe el yugo de la esclavitud del pecado. Quita las cosas que lo entretienen y desvían del propósito.

—Pon un muro de fuego y espinos alrededor de él que impidan el paso a todos los que sin saber le separan de ti. Quita las vendas que cubren su entendimiento, quita la ceguera espiritual, el entenebrecimiento de los ojos. La Biblia dice que el Espíritu Santo nos revela a Cristo, y que es quien convence de pecado. Convéncelo de pecado y sálvalo, Padre mío. Sálvalo, por favor.

Era una oración constante, persistente, insistente. Mientras caminaba a cualquier lado, yo mantenía una oración perseverante en todo momento, no me importaba si estaba en espera para ser atendida en el banco, o en el supermercado, conduciendo mi carro, en la ducha, acostada en mi cama, de rodillas cada madrugada, en aeropuertos y aviones. Oraba sin cesar. Aun en mi interior, mis pensamientos eran todos dirigidos a una dirección: —Sálvalo, Señor mío, por amor a mí. Sálvalo; lo que te pido es tu voluntad. Mi esposo y yo serviremos a Jehová. Y así fue.

Él comenzó a tener sueños y visiones de la venida y el regreso de Cristo. En sus visiones él se quedaba. Soñaba que los cristianos estaban formados en filas como militares, él se metió en una de las filas y lo sacaron porque no calificaba y no pertenecía a ese ejército. Soñaba cosas que le quitaban la paz hasta que dejó de huir de Dios, se rindió por completo, y hoy es un pastor influyente y Apóstol de Jesucristo.

NO TE CANSES

Si yo hubiera sido cobarde, ambivalente, mi esposo estaría sin propósito. Si no me hubiese parado en la brecha por su alma, él quizás ya ni estaría vivo. Recuerdo una vez que mientras oraba, lloraba diciendo a Dios:

—Estoy cansada, Padre, esto pesa mucho, pesa esperar por un cambio, pesa demasiado hacer un esfuerzo y cambiar, aunque los demás no cambien, y sigan su vida desviados del plan. Pesa hacer las cosas bien y los demás las hacen mal, pesa mucho, ya no puedo más.

Dios me habló muy fuerte:

— ¿Te pesa mucho? ¿Te duele? ¿Estás cansada? ¿Quieres soltar todo? Pues si te quitas y sueltas todo, él muere, pues tú eres su bastón donde él se sostiene.

Mujer, no importa si tu marido está en adulterio ahora mismo, si está fuera del hogar, en borracheras, en vicios o en cualquier cosa aberrante, Dios lo hace libre. Hablar y reclamarle no produce cambios, concéntrate en hablar con quien tiene el poder de cambiar tu historia. Deja de buscar culpables, y busca solución en Jesucristo. Llénate de la sabiduría y párate en la brecha de tu matrimonio roto como lo hice yo.

Concéntrate en hablar con quien tiene el poder de cambiar tu historia.

Dios ya lo había amenazado con quitarle todo si él no se dejaba moldear. Dios estaba dispuesto a desatar juicio, pero oré, gemí, clamé y esperé en Jehová, quien hizo misericordia con nosotros. Sé que Dios no hace las cosas exactamente igual en todos los casos, pero sí sé que para cada situación Dios tiene una forma específica.

Fui sabia y amorosa, cambié mi forma áspera de tratarlo, fui prudente en mis palabras y conversaciones. Ya no hablaba en cualquier momento, sino que oraba y hasta ayunaba pidiendo a Dios que me diera las palabras correctas en el momento oportuno para confrontar cualquier asunto que a mi entender no estaba bien.

No es fácil pararse en la brecha, pues vas a tener que luchar con todas tus fuerzas contra todo lo que se levante en contra del plan maravilloso de Dios. Vas a luchar con el desánimo, lucharás para callar las voces que te dicen: "¿Ves? Mira todo lo que tú te esfuerzas y ¿para qué? ¿Para esto?". Lo cierto es que uno se cansa, se agota, pierde las fuerzas y por momentos hasta la fe, pero recobra ánimo, recupera el aliento y la fe, y párate en la brecha.

Pararse en la brecha es para los que están hartos de ver cómo el enemigo destruye todo sin piedad, y se han dispuesto a dar la pelea en el nombre de Jesús.

Profetizo sobre tu vida que recibes nuevas fuerzas para pararte en la brecha. Dios comienza a darte revelaciones e instrucciones para saber qué cosas debes hacer y cómo las harás. Tu clamor librará a tu marido de la condenación eterna, lo librará de toda atadura que le impide servir a Jesucristo y ser un hombre íntegro y diferente a los del mundo. Tu intercesión va a producir muchas bendiciones de cambios que producen paz en tu espíritu y en tu casa.

Espera en Jehová y Él hará lo que tiene que hacer. Incluye en tu oración y ayuno, actos y palabra profética de llamar las cosas que no son todavía como si fuesen.

Pararse en la brecha es para guerreros, no es para cobardes.

Pararse en la brecha es para guerreros, no es para cobardes. La autoridad no puede ser delegada a personas inmaduras. La Palabra dice que entre tanto que el heredero es niño no está listo para heredar.[15] Hacerle frente al enemigo es para alguien de actitud agresiva espiritualmente y determinante; es hacer valer la Palabra de Dios. Pararte en la brecha es tener valentía y agallas ante cualquier evento violento del reino de las tinieblas. Muchas veces por ser inmaduros, no heredamos la autoridad suficiente para hacer retroceder al enemigo. Dios anda buscando a personas con carácter firme, pero también con amor y compasión, para Él revelarles sus planes.

En Génesis 18:16-33 vemos el ejemplo de Abraham. Cuando Dios le anunció que destruiría a Sodoma y

15 Ver Gálatas 4:1.

Gomorra, él comenzó a interceder por ellos. La intercesión no detuvo el castigo, pero consiguió salvar a su sobrino Lot y a sus hijas.[16]

Si te levantas a interceder por tu familia, Dios puede hacer una modificación a la sentencia de muerte y destrucción. Por causa tuya el Señor hace misericordia. Son miles los que han sido arrancados de esta tierra porque no hubo quien gimiera por ellos, alguien que moviera a Dios a misericordia. Muchas desgracias se pudieron y se pueden evitar si alguien de autoridad en Cristo se para en la brecha para defender su territorio.

¡Profetizo sobre ti! Hoy te vas a levantar a defender tu casa como leona parida. Hoy vas a edificar un altar de oración para provocar que Dios haga los cambios a favor de tu propia vida que siempre será la más urgente. Te pararás por la vida de tu marido, tus hijos, tu ministerio, tu iglesia, tus padres, por tus negocios, tu ciudad y todo por lo que desees que Dios intervenga.

¿QUÉ COSAS PUEDES HACER PARA PARARTE EN LA BRECHA?

Ayunar

- El ayuno de Ester por el pueblo y hablar oportunamente salvó al pueblo judío de morir en manos de Amán.
- El rey de Nínive convocó a ayuno de arrepentimiento a todo el pueblo y fue librado del juicio de muerte que había en su contra.

16 Ver Génesis 19: 15-17.

Interceder

- La oración de Abraham logró la salvación de la vida de su sobrino Lot y sus hijas. La oración produjo un milagro: ángeles vinieron a sacar a su familia de la zona de peligro.
- La intercesión de Moisés en el Monte Sinaí detuvo que Jehová consumiera al pueblo de Israel.
- La intercesión de Jesús en la cruz salvó a la humanidad cuando Él dijo: *"Padre, perdónalos, porque ellos no saben lo que hacen"*.[17]

ACCIONAR CON DISCERNIMIENTO

Rahab la ramera protegió a los espías enviados por Josué a la tierra de Jericó. Los escondió de los soldados del rey. Ella usó el discernimiento de espíritu, pues pudo diferenciar que estos hombres no eran de los que acostumbraban a venir a su burdel, sino que supo que eran enviados de Dios. Los ocultó y protegió, y luego les pidió a ellos que salvaran a su familia de la destrucción.

Esta historia es interesante, pues ella se paró en la brecha por su propia vida y la de su familia. Su historia cambió drásticamente y fue librada e injertada a la genealogía de Cristo.

ACCIONAR, EJECUTAR Y ACTUAR DILIGENTEMENTE

Debes hacer lo que debes hacer, como lo hizo Nehemías. Los muros estaban derribados y las puertas quemadas, y él hizo lo que debía hacer para que esos muros fueran

17 Lucas 23:34.

restaurados. Significa que tú no solo vas a orar, vas a actuar en el momento que sea propicio. *El día que haya que hablar y confrontar, lo harás; si tienes que dar el consejo sabio y prudente, así lo harás; cuando haya que escuchar, callarás y escucharás pacientemente; tomarás decisiones prudentes y acciones sensatas y prudentes.*

¡Profetizo! No vas a perder esta guerra por falta de dirección y orientación. Tomarás decisiones prudentes y acciones sensatas. El glorioso Espíritu Santo te va a guiar en este trayecto. Jehová, el Señor fuerte y valiente, va contigo en la guerra para defender tu casa. Él personalmente te entrenará y te capacitará para sacar de tu territorio a las fuerzas invasoras. No vivirás atemorizada pensando que ya no hay salida ni solución. Vivirás con fuerzas, sabiendo que cada día que permanezcas en la brecha es un día de victoria para tu casa.

Tu victoria es saber que las tinieblas y las fuerzas infernales que te invadieron ya están listas para ser expulsadas y, si están afuera, jamás podrán entrar, pues hay una guerrera activa llena del Espíritu de Dios haciendo frente al enemigo en el nombre de Jesús.

Estás autorizada a pararte en la brecha, en la zona donde está el conflicto. Harás que los que han venido contra ti por un camino, salgan huyendo delante de ti por siete caminos. Tienes el respaldo de Dios para hacerlo, y has recibido el derecho legal para recibir la bendición de ver tu casa restaurada.

CAPÍTULO 8

Anular los decretos

No te inclinarás a ellas, ni las honrarás; porque yo soy Jehová tu Dios, fuerte, celoso, que visito la maldad de los padres sobre los hijos hasta la tercera y cuarta generación de los que me aborrecen.

—Éxodo 20:5

Un decreto es una orden que no puede ser revocada a menos que sea por una autoridad mayor. Es una orden superior dada tanto en el mundo terrenal como también en el mundo espiritual, que afecta para bien o para mal la vida del ser humano.

Son leyes que se tienen que cumplir por causa de un decreto dado, por alguna autoridad. Así como es en lo natural es en lo espiritual. Existen leyes establecidas en el infierno por causa de un derecho legal dado por alguien. Eso tiene un efecto dominó que afecta a familias completas en muchas generaciones.

¿Alguna vez te has preguntado por qué a una familia extendida le suceden las mismas cosas, las mismas enfermedades o desgracias? ¿Has notado que de una familia todos tienen un sistema de vida adúltera, otros tienen familias completas donde todos sus hijos se divorcian y terminan sus matrimonios, y otras familias donde todas sus mujeres son estériles?

He escuchado muchas historias, cómo la de una madre que tuvo 7 hijos y nadie sabía por qué ella los maldecía cada día y pronunciaba decretos tales como: "¿Quién te va a querer a ti?", "Ustedes no sirven para nada", "Van a vivir solos toda su vida". Estoy segura de que ella no sabía que su condición de madre le daba autorización en el mundo espiritual para afectar en lo natural la vida de sus hijos. Cada vez que estaba enojada y se enojaba por todo, lanzaba palabras decretando maldición sobre ellos y así se manifestó en la tierra.

Ninguno de sus hijos se casó. Todos han envejecido y es la hermana mayor quien cuida a sus hermanos solteros, amargados y alcohólicos. La mayor de los siete estudió, se graduó, se enamoró, pero su madre se lo prohibió y la joven, en su dolor, decretó contra su propia vida, que, si no se casaba con este jovencito, no lo haría con nadie más, y así fue. Hoy todos han envejecido, y ella cuida a sus hermanos solteros, amargados unos, alcohólicos otros. Ninguno de ellos fue capaz de hacer su vida productiva ni en familia. Esta mujer arruinó las vidas de sus hijos por sus decretos de miseria y desgracia.

Hay quienes están bajo la sentencia de sus padres. Ellos dijeron en algún momento de ira: "Vas a llorar lágrimas de sangre toda tu vida". Y así están sus hijos. En mi programa de radio hace unos años atrás me llamó una oyente. Me contó con mucha tristeza cómo su madre le había lanzado palabras muy duras en su niñez: "Tú no tienes corazón, eres sangre fría". Cuando ella creció, se enamoró, pero su madre no quería esa relación y la maldijo. Decretó: "Tú nunca serás feliz con ese hombre". Ella contaba tristemente cómo no podía disfrutar de su matrimonio.

Ella confesaba:

—Mi esposo es buen hombre, buen padre, cariñoso y atento, ama a sus hijos, a mí no me falta nada, pero no soy feliz con él, no me gusta que me toque, todo lo que hace me molesta, pero reconozco que soy el problema aquí. Necesito cancelar este decreto de mi madre en contra de mi hogar. Él me ama, pero yo no puedo responderle igual. Siento que no tengo corazón, que soy incapaz de sentir sentimientos cálidos hacia mi marido.

Ella hasta había considerado el divorcio para así desligarse de una relación que ya para ella no valía la pena ni tenía sentido.

Gracias a Dios le oramos quebrantando cada palabra que se convirtió en una orden que tenía que ser ejecutada. Usé la autoridad de Cristo en mi vida, me posicioné en lugares celestiales y solté el decreto, una ley superior por medio de Cristo Jesús, y anulé los decretos que le afectaban.

Decretamos que cada palabra que se dijo en su contra, desde el momento de la concepción hasta el momento que ella confesó su situación, todas esas palabras las capturamos en el nombre poderoso de Jesús, y las desactivamos, las anulamos, le quitamos su fuerza. Decreté que se producían cambios en sus sentimientos. Le dimos una orden a su corazón de que se alineara al corazón de Dios. Y así Dios lo hizo. Poco a poco, todo fue como debió ser y su matrimonio se restauró completamente.

EL PECADO ACTIVA MALDICIONES GENERACIONALES

Existen otros tipos de historias de abuso sexual por causa de acciones de injusticia. A veces la gente lo niega, se enoja cuando se le dicen estas cosas, pero, es cuestión de analizar el historial familiar lo más que podamos, no con la intención de armar escándalos, pero sí para saber cómo orar, haciendo una evaluación de la actualidad, buscando saber qué cosas están pasando alineadas a ese pasado.

Cuando hay un ancestro que hizo injusticia y cometió abusos sexuales, el reino de las tinieblas arma su plan, pues como no hubo arrepentimiento, se libera en el mundo espiritual un decreto en contra de sus generaciones que dice: todas las niñas, sobrinas, nietas, pueden ser violadas también.

Todos los creyentes deberían saber que el pecado activa maldiciones sobre sus vidas y afectará a sus familias. Todos deberían saber que lo que conduce al pecado en una persona es la iniquidad. Te lo digo de la forma más simple: antes de que alguien cometa un pecado, primero fue un pensamiento inicuo o torcido, un pensamiento que dio a luz pecado.

En 2 Samuel 11 hay una historia terrible. El rey David miró a la mujer de uno de sus soldados, la codició en su mente (iniquidad), la mandó a buscar, y se acostó con ella. Cuando se descubre su embarazo, él quiere que su marido que está en la guerra regrese a casa y se acueste con su mujer para encubrir el primer pecado que cometió, pero este no acepta ir con su esposa; se queda en el palacio para proteger la vida de su rey.

Entonces el rey David vuelve a maquinar terriblemente, le pide que regrese a la batalla, pero en sus manos llevaba una carta con la orden maquiavélica para que lo pusieran en primera línea de batalla, luego las tropas se retiraran, y así él quedara solo y muriera. Y así lo hizo: tomó una mujer ajena y dio muerte al marido. Cuando fue confrontado por el profeta Natán, aunque reconoció su falta y se arrepintió de todo corazón su pecado sexual y derramamiento de sangre inocente le dio legalidad al mundo espiritual y se activó un decreto contra su casa.

¿Cuáles fueron sus pecados? Pecado sexual y homicidio. Activó un espíritu de muerte y pecado sexual sobre la suya. En el mundo espiritual se decretaron abusos sexuales y asesinatos, se activó la muerte, pues el hijo del pecado enfermó y murió. ¿Qué sucedió luego en su familia? Su hijo Ammón violó a su media hermana Tamar.

Producto de esta violación, como David no confrontó al violador, quizás no sentía la capacidad para hacerlo por la mancha del pecado con Betsabé, mujer de Urías, Absalón tomó venganza. Luego de dos años maquinando como su padre hizo, preparó una fiesta y allí dio muerte a su hermano Ammón.

Ese mismo Absalón entendía que su padre no tenía carácter para seguir gobernando y empezó a codiciar (como su padre) el trono. Además, se acostó con las mujeres de su padre a pleno sol del día. Le dio un golpe de estado y David salió huyendo de su palacio por temor a que su propio hijo lo matara.

En tu vida ocurren cosas tantas veces, que da la sensación de que es normal que sucedan. Ocurren con tanta naturalidad, creyendo que es parte de tu vida. Se repiten historias que te molestan y te duelen, pero no tienes idea de por qué suceden, ni mucho menos sabes cómo detenerlas o romperlas.

Vas a la iglesia, cantas, danzas, das tus ofrendas, predican el sermón más poderoso de la historia, dices amén, creyendo que algo Dios hará a tu favor. Al finalizar el servicio, regresas a tu casa a continuar tu película de terror. Quieres ser bendecida, prosperada y ensanchada en todo, te esfuerzas por lograrlo y terminas frustrada, pues no avanzaste y estás en el mismo lugar donde empezaste y no sabes qué hacer.

Es muy posible que estés atascada por causa de la iniquidad, que, a su vez, la abre puertas al pecado, que le da derechos legales al enemigo para que actúe en tu contra.

Son muchas las personas con rostros amables y de repente escuchas que hicieron cosas horribles que nadie esperaba que alguien así pudiera cometer tal aberración, y no es más que iniquidad enraizada en su corazón y por lo cual se activan decretos en contra.

¿Quieres conocer de dónde viene la iniquidad, cómo se manifiesta y qué produce en nuestras vidas? Te invito a leer el próximo capítulo.

CAPÍTULO 9

La iniquidad

Y ya se había apartado la descendencia de Israel de todos los extranjeros; y estando en pie, confesaron sus pecados, y las iniquidades de sus padres.

—Nehemías 9:2

Iniquidad se refiere a inicuo, que significa maldad, perversidad, abuso o gran injusticia. Es decir, todo acto contrario a la moral, la justicia y la religión.

La palabra 'iniquidad' quiere decir 'lo torcido'. De hecho, es lo que se desvía del camino recto y perfecto de Dios. El origen de la iniquidad se encuentra en la caída de satanás, en el momento que este querubín, lleno de belleza y perfección, le da cabida a un pensamiento que se desvía de Dios queriendo ser igual a Dios. Sus sinónimos son: injusticia, maldad, infamia o ignominia.

La iniquidad existe desde el principio, y el primero en ser inicuo fue el ángel caído. Su nombre es luzbel, satanás o diablo, "*fuiste lleno de iniquidad, y pecaste*".[18]

18 Ezequiel 28:16.

La iniquidad es maldad, impiedad o culpa, y su gravedad está por encima del pecado, porque de la iniquidad casi nadie se arrepiente, pues considera que no ha consumado o no ha cometido aun el pecado. Las personas por lo regular se arrepienten del pecado cometido y descubierto; muchos cuando pecan solo sienten remordimientos y no arrepentimiento, a menos que sean descubiertos y avergonzados.

La iniquidad es lo mismo que el irrespeto y la falta de sujeción a la autoridad de Dios o de la ley. Es como la raíz de un árbol que da como frutos el pecado. La iniquidad es algo que está oculto en lo más profundo del ser humano. Por eso casi nadie se arrepiente, porque no es visible a simple vista, no se detecta fácilmente, además de que muchos ignoran que es un mal horrible delante de Dios, y porque entienden que si no han cometido el pecado, que solo es un pensamiento, no hay nada de qué pedir perdón, pues no se ha consumado el acto.

La iniquidad es lo mismo que el irrespeto y la falta de sujeción a la autoridad de Dios o de la ley.

Los accidentes ocurren a diario, y eso no se planifica, pero nadie comete un crimen sin haberlo pensado o planificado antes. Ninguna mujer es adúltera, si primero no lo maquinó. Iniquidad es igual a maquinar o planificar intencionalmente. Para que haya un adulterio, debe haber una maquinaria llamada iniquidad preparando la atmósfera, buscando las razones, momentos y lugares donde se cometerá el pecado. Existen muchas personas cristianas, líderes de renombre que no han reconocido sus iniquidades. Por eso caen en pecado públicamente, afectan la fe del pueblo y manchan el nombre de Jesucristo.

Los decretos en tu contra tienen su base en la iniquidad personal o familiar. Hay muchas vías de entrada, otras fuentes que activan los decretos.

LA INIQUIDAD DE IDOLATRÍA[19]

El ser humano fue creado para adorar y todos buscan a quién rendirle culto, pero por la ignorancia, el enemigo los conduce a poner su mirada en cualquier cosa que no sea Dios. Una de las historias que relata la Biblia de una forma bien clara es el evento del Monte Sinaí.

Cuando Moisés subió al Monte Sinaí para recibir las leyes de Jehová, el pueblo se desesperó, sintió que tardaba en bajar. La iniquidad idolátrica los llevó a pensar y hablar de que debían devolverse a Egipto, hablaron de designar capitanes que los regresaran a la esclavitud del Faraón y luego determinaron hacer un becerro de oro para adorarlo. La idea no fue de uno solo; fue todo el pueblo que se desvió por completo en pocos días. Todo lo que Dios había hecho por ellos quedó en el olvido. La maravillosa forma de Dios sacarlos de la esclavitud parece que se borró de su mente. Las 10 plagas enviadas pasaron al olvido. El hecho de que Dios les abrió el Mar Rojo para que cruzaran ya les parecía poca cosa hasta el punto de querer regresar atrás.

Dios es justo, sabe y ve todo lo que hacemos, conoce la intención del corazón del hombre, y le comunica a Moisés que el pueblo se ha corrompido. —Se han apartado del camino que yo les mandé, se han hecho un becerro de fundición y lo han adorado.[20] Quiere decir que, aunque nuestros pecados son ocultos para los que nos rodean, están al descubierto ante los ojos de Dios.

Dios le dice:

—Desciende porque tu pueblo que sacaste de la tierra de Egipto se ha corrompido—.[21] ¿En qué momento dejó de

19 Ver Éxodo 32: 1-10.
20 Ver Éxodo 32:8.
21 Ver Éxodo 32:7.

ser Su Pueblo para ser el pueblo de Moisés? O sea, ¿los que se corrompen, causan vergüenza a Dios?

Antes que a ellos se les ocurriera la idea de sacar sus alhajas para fundirlas y hacer el becerro de oro, la iniquidad se había activado en sus corazones y les empezó a molestar que Moisés tardara en el monte. Nota que el oro fundido no tomó forma de becerro; ellos le dieron forma.

"Oh, Dios, vuélvete del ardor de tu ira",[22] o sea, baja la intensidad de tu ira. Moisés oró porque él sabía que el pueblo que por más de 400 años estuvo en Egipto, no conocían mucho de Dios, pero sí de idolatría. Su corazón estaba lleno de adoración pagana. Ellos crecieron mirando a sus amos ofreciendo sacrificios a los ídolos. Su corazón estaba inclinado a poner su confianza en los dioses.

Tú llegaste a creer que había revelación de Jesucristo en tu familia. Cuando los ves desviarse de los caminos del Señor, luego de aparentemente haberle conocido, es que la iniquidad de idolatría no ha sido desarraigada y eso los hace pensar en volver a la esclavitud de Egipto, ante cualquier pequeña situación.

Desde que enfrentan dificultades y pruebas, su corazón solo desea volver a Egipto, anhelan lo que vivieron allá, extrañan las muchas mujeres que tuvieron, hablan mucho de su vida de derroche de dinero y de las cosas que tuvieron, y hasta son capaces de decir "cuando yo no era cristiano me iba muy bien", o "me iba mejor antes de ser cristiano". No es más que iniquidad idolátrica. Aún no han vuelto con su vida de la calle, pero ya la desean y la extrañan. Eso se llama iniquidad idolátrica.

La iniquidad antecede al pecado, y es peor que el pecado mismo. Dios se desagrada de un corazón inicuo, pero está dispuesto a perdonarlo.

22 Ver Éxodo 32:12.

> *...que guarda misericordia a millares, que perdona la iniquidad, la rebelión y el pecado, y que de ningún modo tendrá por inocente al malvado* (Éxodo, 34:7).

Desarraigar de la idolatría a una familia parece difícil, pero no imposible. La oración de humillación y arrepentimiento atrae la misericordia de Dios sobre tu vida. El pueblo de Israel actuó así. Quizás porque vieron a sus antepasados haciendo idolatría, no conocían otra cosa. Por eso hay que cuidar lo que hacemos. Nuestros hijos aprenderán de nosotras, verán el ejemplo, pero también está la genética donde no solo se imprimen el carácter o la forma de ser, también el pecado y hasta las enfermedades.

La iniquidad antecede al pecado, y es peor que el pecado mismo.

Vivimos en tiempos peligrosos porque las personas tienen apariencia de piedad.[23] Hay mucha hipocresía y doble moral por causa de la iniquidad. La iniquidad idolátrica activa muchos adulterios, brujería, homosexualismo. Hemos trabajado liberación con personas que estuvieron esclavos de la homosexualidad. Casi todos estuvieron envueltos en hechicería y tenían altares dedicados al reino de las tinieblas.

Conozco familias enteras servidoras del reino de las tinieblas, muchas de ellas, por no decir que todas, son adúlteras, infieles, con hijos fuera del matrimonio. Pero quien se acerque a Dios y se humille, y quebrante esos decretos, alcanzará una vida victoriosa y dichosa.

23 Ver 2 Timoteo 3: 1-5.

ORACIÓN DE ARREPENTIMIENTO

Señor creador del cielo y de la tierra, hoy me acerco a ti buscando tu perdón de todos mis pecados idólatras. Reconozco que solo tú puedes borrar y desarraigar mis iniquidades. Eres quien puede hacerme libre por completo. Hoy decido voluntariamente alejarme de toda contaminación espiritual. Córtala y destrúyela en el Nombre de Jesús. Suelto todo apego a dioses ajenos y paganos. Desconecto mi alma de mi vida pasada. Renuncio a poner la mano en el arado para luego mirar atrás. A partir de hoy mi vida es completamente tuya; te hago dueño y Señor de mi vida, amén.

¡Profetizo! Cosas que ocurren en tu vida, que son como fantasmas, pareces que tienes un rastreador pues, aunque te mudes te vuelven a alcanzar. Hoy, por la autoridad que he recibido de Jesucristo, libero palabras de poder que son como martillo en manos de Jehová, desmenuzo todo decreto en tu contra, desarraigo de ti toda iniquidad que te conduce al pecado, y que te seduce a regresar a tu pasada vida de Egipto.

Dios borra, anula y perdona todos tus pecados y tus iniquidades, y está dispuesto a llevarte a la tierra prometida y estando allá bendecirte con todas las bendiciones espirituales y terrenales que necesites. Solo debes comprometerte a dar todo para obedecer su perfecta voluntad, limpiando tu corazón de la iniquidad, y asegurándote de que tus hijos no vivan con el corazón lleno de iniquidad, pues la iniquidad produce pecado y el pecado activa las maldiciones y los decretos del reino de las tinieblas.

¿AFECTA LA INIQUIDAD A TU FAMILIA?

Mi querida mujer, todo lo que haces o acostumbras a hacer tiene consecuencias buenas o malas. Todo lo que siembres, vas a cosechar. Aun sin saberlo te has pasado parte de tu vida sembrando malas semillas. Significa que corres todo el riesgo de cosechar malos frutos y alguien se los va a comer, o alguien los va a recoger. Quizás tú estás cosechando lo que tus padres sembraron y no sabes cómo evitar que esos frutos lleguen a ti y a tus hijos.

> *Vino a mí palabra de Jehová, diciendo: ¿Qué pensáis vosotros, los que usáis este refrán sobre la tierra de Israel, que dice: Los padres comieron las uvas agrias, ¿y los dientes de los hijos tienen la dentera? Vivo yo, dice Jehová el Señor, que nunca más tendréis por qué usar este refrán en Israel. He aquí que todas las almas son mías; como el alma del padre, así el alma del hijo es mía; el alma que pecare, esa morirá.* (Ezequiel 18: 1-4)

Si tú cortas el cordón umbilical que te conecta con la iniquidad familiar, esta no tocará a tus hijos ni a tus nietos. Se puede cumplir en tu familia lo que dicen las sagradas escrituras: que tus hijos no sientan la dentera.

Si tú cortas el cordón umbilical que te conecta con la iniquidad familiar, esta no tocará a tus hijos ni a tus nietos.

¿No te has preguntado por qué las generaciones de estos tiempos no son como cuando crecías, que había inocencia y bondad en todos? No era común escuchar que un joven entró en su escuela y dio muerte a sus compañeros y maestros. No eran tan comunes los abortos ni el tema de la homosexualidad y la pedofilia. ¿Sabes por qué aumentaron tanto? Porque nadie cortó la iniquidad, nadie notó que sus pensamientos eran torcidos y no se apartaron ni se arrepintieron. Entonces las cosas empeoraron y lo que estaba torcido, se retorció más todavía.

En los libros de Éxodo 20:5 y Deuteronomio 5:9 insisten diciéndonos:

> *No te inclinarás a ellas, ni las honrarás; porque yo soy Jehová tu Dios, fuerte, celoso, que visito la maldad o iniquidad de los padres sobre los hijos hasta la tercera y cuarta generación de los que me aborrecen.*

Esta promesa es tuya en Deuteronomio 24:16:

> *Los padres no morirán por los hijos, ni los hijos por los padres; cada uno morirá por su pecado.*

El problema está en que hemos estado repitiendo el mismo pecado causado por la iniquidad, y hasta peores que nuestros padres, y por eso no se ha roto el decreto de maldición y muerte. Se convierte en maldad ancestral extrema y multiplicada. Cada cual es responsable por sus propios pecados, pero la iniquidad es algo que afecta líneas familiares completas de generación en generación. Si no aparece alguien en el clan familiar que logre romper esa atadura de maldad, la iniquidad seguirá afectando las siguientes generaciones y el decreto estará vigente.

Profetizo que, aunque otros en tu familia están condenados a muerte y tragedias por causa de la iniquidad, tú te librarás de la condenación, pues romperás y desatarás tu vida de la iniquidad y también liberarás a tus hijos.

La iniquidad es la materia prima que el enemigo utiliza para decretar en tu contra y es ahí donde el diablo engarza las maldiciones que vienen de nuestros antepasados. Es en esta misma área donde se arraigan las bases legales de enfermedad que se transmiten de padres a hijos, a nietos. Es donde se encuentra la legalidad de satanás para robarnos y oprimirnos, y lo que va a ser un constante obstáculo para recibir la plenitud de las bendiciones de Dios. Esta es la principal puerta que tiene el imperio del diablo sobre la vida del ser humano, creyente o incrédulo.

La iniquidad es la materia prima que el enemigo utiliza para decretar en tu contra.

Son cosas simples como el caso de Abraham que tuvo miedo y mintió, Isaac también hizo lo mismo, diciendo que su esposa era su hermana, tal como lo hizo su padre. Jacob miente, engaña a su padre diciendo que era Esaú y así recibió una bendición que originalmente era para su hermano. Por causa de esto, huyó por años, aterrorizado de que un día le hicieran venganza.

¿Pueden romperse o anular estas maldiciones o decretos? ¡Claro que sí! Todo puede romperse en el poderoso nombre de Jesucristo, haciendo oraciones específicas: humíllate y pide perdón por las iniquidades cometidas por tus antepasados (como si las hubieras cometido tú misma), renunciando a todo tipo de pacto celebrado por nuestros antepasados con los poderes demoniacos.

CAPÍTULO 10

La iniquidad sexual

Por amor de tu nombre, oh Jehová,
perdonarás también mi pecado, que es grande.

,Salmo 25:11

Un ejemplo concreto y claro en la Biblia es el del rey David. Si vemos la genealogía que Mateo nos relata para demostrar que Jesús desciende de David, Salmon engendró de Rahab a Booz, Booz engendró de Rut a Obed, y Obed a Isaí. Isaí engendró al rey David.[24]

Rahab fue la prostituta de Jericó cuya vida perdonó Josué por haber ocultado a los espías que habían ido a inspeccionar la ciudad. Rahab fue perdonada porque creyó en el Dios de Israel, pero había sido prostituta (desenfreno sexual). Rahab une su vida en matrimonio con Salmon y engendró a Booz, 1ra. generación; Booz engendró a Obed, 2da. generación; Obed engendró a Isaí, 3ra. generación; e Isaí engendró a David, 4ta. generación. La historia es conocida: nadie cortó la iniquidad y, siendo la 4ta. generación desde Rahab, David cometió "adulterio" con Betsabé.

24 Ver Mateo 1: 5-6.

Rahab fue perdonada, pero no cortó la iniquidad. No podemos condenar a quien Dios ha perdonado, ni llamar inmundo a lo que Él ha purificado. Ella y su familia fueron los únicos sobrevivientes de la población de Jericó, habitó en medio de las tribus de Israel y vivió en la tierra prometida. Por si esto fuera poco, siendo en su vida anterior una prostituta, fue injertada en el plan de salvación. Pero la vida que llevó antes de su conversión atrajo hacia ella y hacia sus descendientes, un "espíritu inmundo de adulterio" que, como vimos, afectó a uno de sus descendientes: el rey David.

Si David no hubiese adulterado, la iniquidad se cortaba con él y hubiera desaparecido de su linaje, pero recuerda que Dios visita la maldad hasta la cuarta generación. Esto significa que Él registra y archiva la información de cuatro generaciones una tras otra. Cuando no hay arrepentimiento, ni reconocimiento, se reanuda la maldad, pero multiplicada. Por eso cuando David cometió adulterio, la iniquidad fue mayor, pues no solo adulteró con la mujer de Urías, sino que planificó la muerte de este hombre justo y fiel, y la cuenta se reinició.

Cuando no hay arrepentimiento, ni reconocimiento, se reanuda la maldad, pero multiplicada.

La iniquidad entró en un nivel elevado, y la tragedia visitó la familia de David una y otra vez. Su hijo Absalón, no solo adulteró o fornicó, sino que lo hizo con las mujeres de su padre a pleno sol del día a la vista de todos. El otro hijo, Ammón, se llenó de iniquidad pervertida y se obsesionó con su media hermana. Mintió al decir que estaba enfermo y que solicitaba la atención de ella, pero su corazón perverso lleno de iniquidad sacó a los servidores de su habitación, se quedó a solas con ella, y la violó cruelmente.

El ruego de ella no le conmovió en lo más mínimo, abusó de ella y luego la odió a muerte. Cuando Absalón supo de este incidente, al ver que su padre no castigó a Ammón conforme a la ley, se llenó de ira, mató a su hermano y luego se sublevó contra el trono de su padre. La iniquidad sexual se elevó tan alto en la familia de David, que su hijo Salomón tuvo mil mujeres.[25]

¿Qué puede estar pasando por la mente de un hombre que sea capaz de enredar su vida, no con una amante, sino con mil, 700 esposas y 300 concubinas? Se desvió de Dios completamente, hizo altares para los dioses de ellas y, además, las adoró. ¿El hombre más sabio y rico con un trastorno psiquiátrico? Esta conducta, si la traemos a la actualidad, se le llamaría ninfomanía en mujeres, y satiriasis en los hombres. Clínicamente se le reconoce como hipersexualidad o adicción al sexo.

CONTRA EL DECRETO DE LA INIQUIDAD

Te has preguntado, "¿por qué mis hijos son así? ¿Cómo pueden hacer tal o cual cosa? Yo jamás haría algo así". La respuesta posiblemente sea que Jehová registró y archivó la maldad familiar. Tus hijos hoy son el resultado de las iniquidades de tus abuelos, tus padres y tuyas. El peso de la iniquidad está sobre las espaldas de tus hijos, arrastrándolos a hacer cosas terribles, pues es una fuerza invisible que los empuja a hacerlo.

Tus hijos hoy son el resultado de las iniquidades de tus abuelos, tus padres y tuyas.

Pero hay esperanza en Jesucristo. Si identificas y desarraigas la iniquidad, tú y tus hijos vivirán otra historia en el nombre de Jesús.

---

25 Ver 1 Reyes 11:1-8.

Profetizo que tus ojos espirituales se abren para entender que la iniquidad es un decreto espiritual en tu contra, es una sentencia o condena que cada vez más se agudiza y empeora. No es parte del Plan de Dios que tú, teniendo una vida de fidelidad e integridad, un día la iniquidad te cubra y controle, y te haga cometer actos abominables ante Dios. Profetizo que el Temor a Jehová es más grande en tu corazón, que la iniquidad que ha querido dominarte.

Satanás ejerce su influencia o poder, pero no tiene autoridad. No tiene autoridad en el cielo desde que fue expulsado por Dios y no tiene autoridad en la tierra desde que Jesucristo consumó su sacrificio expiatorio en la cruz del calvario. Él intenta hacer todo su esfuerzo para llevarlos a ti y los tuyos a vivir con el corazón lleno de iniquidad, y luego activar por medio del pecado las maldiciones que te destruyen. Pero sus intentos deben ser frenados por medio de la sangre de Cristo cuando nos arrepentimos y nos humillamos.

Dicho de forma simple, nadie comete adulterio si primero no da cabida a la iniquidad sexual. Quien adultera prepara todo un ambiente de acercamientos físicos y conversaciones de seducción, llamadas telefónicas, mensajes, miente, esconde, se viste y perfuma para el encuentro.

Quien se quita la vida, ya lo ha considerado como opción a sus problemas y ha maquinado cómo lo haría. Por eso vemos que dejan cartas o notas donde se despiden o explican por qué lo hacen. Lo mismo es para quien asesina a personas. Primero lo maquinan durante un tiempo y luego dan a luz su abominación. Efesios 2:2 nos enseña que los que andan fuera de la ley de Dios son desobedientes, y sobre ellos el enemigo ejerce su influencia:

En los cuales anduvisteis en otro tiempo, siguiendo la corriente de este mundo, conforme al príncipe de la potestad del aire, el espíritu que ahora opera en los hijos de desobediencia.

El enemigo está vencido, pero los seres humanos le dan la autoridad que no tiene, pecando. El pecado le da "derecho legal" a satanás y sus demonios para actuar. Es la corrupción, la maldad o iniquidad y el pecado del hombre lo que le devuelve la "autoridad" (poder para operar) al diablo, una autoridad que ya ha perdido porque se la quitó Jesucristo en la cruz.

Y si dijereis: ¿Por qué el hijo no llevará el pecado de su padre? Porque el hijo hizo según el derecho y la justicia, guardó todos mis estatutos y los cumplió, de cierto vivirá. El alma que pecare, esa morirá; el hijo no llevará el pecado del padre, ni el padre llevará el pecado del hijo; la justicia del justo será sobre él, y la impiedad del impío será sobre él. (Ezequiel 18:19-20)

Significa que no tienes que repetir ni vivir lo que tus padres vivieron; que hoy se corta el cordón umbilical, y la sentencia de muerte, pecado, enfermedad y derrota también serán cortados en el poderoso nombre de Jesús. Yo corté con el cordón umbilical de mi familia, luego de que el Señor me dijo: —Desconéctate del pecado, las enfermedades, la pobreza y la miseria.

Él me dijo que debía cortar con los hábitos familiares, fracasos, baja estima, complejos y todo lo que no era parte del plan. Me dijo:

—Haz un tiempo de ayuno y cuando te diga, párate en la puerta de tu casa, y ordénale a todo eso que salga de tu casa, que no te puede tocar a ti ni a tus hijos.

Así lo hice y pude entrar en el inicio de una libertad sobrenatural. Mi vida empezó un proceso de cambio.

La iniquidad hace que Dios voltee su rostro cuando oramos. Su mano no libera las bendiciones. Muchos cristianos no escuchan la voz de Dios porque el nivel de iniquidad es muy grande. Su ministerio no crece, no hay manifestación de Dios por causa de la iniquidad. Esto es destructivo, agresivo y repentino.

Conocí a un hombre hace muchos años. Él siempre nos saludaba tan gentilmente, tan educado y con una familia aparentemente linda. Un día salió en las noticias: "Hombre asesina a su mujer, a sus hijos y a su suegra, luego se suicidó con un disparo en la boca". Para nuestra dolorosa sorpresa, era aquel hombre con rostro amigable. No podíamos creer lo que había pasado. Existen familias completas sumergidas en una vida de total fracaso por su iniquidad. Por eso hay que arrepentirse de todo corazón, debe haber una renuncia. Esa raíz debe secarse de una vez y para siempre, en el Nombre de Jesús, amén.

Permíteme guiarte en esta oración, la cual puedes añadir y modificar conforme sea tu situación.

En el nombre de Jesús me humillo ante ti, reconociendo mis iniquidades (aquí dices el tipo de iniquidad, ya sea iniquidad sexual, de violencia, de soberbia, orgullo, avaricia, suicidio, homicidio). Perdona mis iniquidades, borra mis rebeliones. No quiero que tu rostro se aparte de mí. Hoy pido perdón por las iniquidades de mis padres, cuatro generaciones antes de mí. Ellos no te conocieron y quizás no pudieron arrepentirse ni apartarse, pero yo sí me aparto, corto el cordón umbilical que me une espiritualmente a mi familia, destruyo el poder de la maldición del pecado en el nombre de Jesucristo. Hoy se anula el decreto y la sentencia que había en mi contra.

A mis hijos los desconecto de los lazos inicuos ancestrales y los desconecto de mí y mis ancestros. Soy libre y libero a mis hijos de la iniquidad que hace que Jehová no escuche mis oraciones (Lee Isaías 59). Libero a mis futuras generaciones de toda iniquidad que activa pecado y maldición. Soy perdonada de los pensamientos de iniquidad, soy redimida de los caminos inicuos que he recorrido.

Mi simiente es liberada de toda maldición, es libre de toda iniquidad, se rompe el decreto de pecado, de enfermedades, decretos de pobreza y miseria. Oraré y seré escuchada y atendida, mis hijos no serán desechados ni condenados a muerte por causa de sus iniquidades de rebeldía y desobediencia. Nunca faltará en la boca de mis hijos la Palabra de Dios.

Anulo toda maldición declarada por mis padres contra mí, anulo las palabras que les he dicho a los míos, anulo todo decreto que me afecta emocional y espiritualmente. Y emito una ley superior, emito decretos del cielo. Vida, santidad, salud y prosperidad hoy se activan en mí y los míos.

¡Profetizo! Que tu vida da un giro espiritual sorprendente. Los pensamientos inicuos que están atormentándote son anulados por la sangre de Cristo. Los pensamientos de adulterio o fornicación son vencidos por el poder de la santidad de Dios que opera en ti por medio del Espíritu Santo.

Los pensamientos de suicidio que vienen a tu mente cada vez que tienes problemas económicos o conflictos en tu matrimonio, esos pensamientos de muerte que te bombardean cuando estás en tristeza profunda o depresión son anulados y cancelados en el poderoso nombre de Jesucristo.

Todos los argumentos de autosuficiencia, soberbia y rebeldía que no te permiten consagrarte y depender de Dios, ni te dejan permanecer en compromiso de sujeción al Espíritu Santo, son derribados en el nombre de Jesús. El decreto o sentencia de dureza de corazón que hay sobre ti y tu familia son cancelados y anulados y habrá arrepentimiento y salvación para ellos en el nombre de Jesús.

Tus bendiciones retenidas son liberadas, las respuestas a tus oraciones son activadas a tu favor. Los decretos de enfermedad, de pobreza, miseria y escasez, limitaciones y fracasos, son anulados en este momento en el nombre de Jesús.

Profetizo un mover del Espíritu Santo como nunca, los aires se limpian, la atmósfera pesada que oprime tu casa es cancelada y anulada. Los pactos de iniquidad que hicieron tus ancestros son desarraigados. Los convenios, la muerte y los pactos con el Seol son destruidos por la sangre se Cristo y terminan ahora mismo.

Las puertas de iniquidad son cerradas. Las puertas de pecado, de enfermedad, pobreza, miseria, derrota, esclavitud, vicio, atadura son cerradas y anuladas. Las puertas de cautiverio, los techos de bronce y los cerrojos de hierro son desmenuzados por la autoridad de Jesucristo y su sangre. Amén.

CAPÍTULO 11

Tú tienes la autoridad. ¡Úsala!

Habiendo reunido a sus doce discípulos, les dio poder y autoridad sobre todos los demonios, y para sanar enfermedades.

—Lucas 9:1

Muchas personas están en desacuerdo con el tema de la autoridad, y dicen que nosotros no debemos y que no tenemos nada, que solo Jesucristo la tiene. Lucas 10:19 dice otra cosa.[26] No aceptan que podamos hacer uso y demostración de ese poder, porque no es nuestro, y si bien es cierto que no es nuestro, claramente vemos en las escrituras que se nos ha compartido de Jesucristo una autoridad delegada luego de Él padecer el sufrimiento de la cruz. Al resucitar, nos hizo participantes de la naturaleza divina y coherederos juntamente con Cristo.

> *Y si hijos, también herederos; herederos de Dios y coherederos con Cristo, si es que padecemos juntamente con él, para que juntamente con él seamos glorificados.* (Romanos 8:17)

26 *"He aquí os doy potestad de hollar serpientes y escorpiones, y sobre toda fuerza del enemigo, y nada os dañará"* (Lucas 10:19).

Nos sentaron en lugares celestiales, y desde ese lugar podemos ejercer todo lo que nos fue entregado. Ellos insisten en argumentos acerca de que no podemos declarar, ni decretar, mucho menos profetizar. Esto solo lo comparten los ignorantes de la Palabra de Dios y sus seguidores. Pero para quienes se nos ha revelado que somos hijos de Dios, que somos embajadores y representantes de Dios, se nos facilita entender y usar la autoridad recibida por medio de Cristo.

Nuestras iglesias están abarrotadas de personas enlistadas en un ejército en el cual no ejercen su función. Son como militares que nunca fueron a la guerra, que no tuvieron un fusil en sus manos y si lo tienen, no tienen municiones y tampoco saben usarlos. El nivel de influencia de la Iglesia es tal, que el cielo la reconoce, en el infierno le temen, pero la Iglesia misma no lo sabe.

El nivel de influencia de la Iglesia es tal, que el cielo la reconoce, en el infierno le temen, pero la Iglesia misma no lo sabe.

El regreso de Jesucristo por su Iglesia es real. Volverá por una Iglesia victoriosa (y nosotros somos esa Iglesia) que enfrenta a sus gigantes y los vence, que mata leones y osos. Él regresará por una Iglesia que no se acobarda ante nada, que sabe que su asignación es ser cabeza y no cola, estar arriba y jamás debajo. Él regresará por una Iglesia cuya posición espiritual es para sujetar, dominar, suprimir, impedir o permitir, y aprobar.

Su regreso tiene que ser por algo que realmente valga la pena. Su regreso no será para levantar a una Iglesia encorvada, robada, afligida, debilitada, desprovista y derrotada. Su regreso es por gente de influencia, de poder y autoridad, que cuando habla, el infierno tiembla, porque es una Iglesia agresiva que no tolera ningún movimiento al ejército enemigo. Él regresará por personas con su ADN.

Es una realidad que el enemigo ha desplazado sus tropas infernales contra los templos, sus pastores y liderazgo, y no tiene intención de retirarlas, ni mucho menos detener el ataque. Familias completas son destruidas porque no hay quien le ponga un "hasta aquí", un "ya basta", pero eso es hasta hoy porque te vas a levantar con la autoridad que Cristo ha restaurado para que la comiences a usar.

Desde el Génesis, él ataca violentamente con la intención de exterminar al género humano y casi nadie hace nada. Son muy pocos los creyentes que ejercen autoridad sobre el diablo y sus demonios, y le hablan con toda firmeza, diciendo ¡ten cuidado, no me toques!

Jesús te autoriza a ejecutar la autoridad cada vez que sea necesario. Hay garantías de que nada te dañará, que el maligno no puede tocar a un redimido con la sangre de Jesucristo a menos que Dios mismo se lo permita.[27] Permíteme aclararte un pequeño detalle. El maligno no puede tocar a lo que ha nacido de nuevo y no practica el pecado. El problema es que los que dicen que han nacido de nuevo, recaen o reinciden en el pecado. Muchos se acostumbran a vivir en pecado aun asistiendo a la iglesia y ocupando un liderazgo de servicio. La gente no sabe que vivir en pecado le da una llave al enemigo para que entre a destruir cada vez que quiera.

Jesús te autoriza a ejecutar la autoridad cada vez que sea necesario.

La realidad es que el enemigo siempre ha violentado fuertemente, pero en estos tiempos está más agresivo, y así mismo la Iglesia tiene que levantarse revestida de poder y contraatacar con agresividad intensa. No hablo de usar agresividad en lo natural, ni la ira de la naturaleza

27 *"Sabemos que todo aquel que ha nacido de Dios, no practica el pecado, pues Aquel que fue engendrado por Dios le guarda, y el maligno no le toca."* (1 Juan 5:18)

pecaminosa que habla Colosenses 3:10,[28] sino en agresividad espiritual, provocado por el ADN del Padre, quien es Jehová, varón de guerra, y que está dirigida por el Espíritu Santo. Dios está levantando una generación de violentos espirituales, de gente que no es cobarde.[29]

Él te ha provisto de todas las herramientas que vas a necesitar durante toda tu vida, y te las ha dado todas sin que te falte alguna. Tienes el perdón de tus pecados, sanidad y redención, libertad y bendición, la vida y la familia, facultades y habilidades, te ha dado estrategias poderosas. Pero además de esto está su Sangre, su Palabra, su Nombre, su Palabra Escrita, su Palabra Profética. Aunque muchos no saben lo que tienen a su disposición, de igual modo está ahí listo esperando que te empoderes y hagas uso de todo este arsenal divino contra las tinieblas.

Dios te ha enriquecido por medio de sus enseñanzas y fundamentos; ahora solo hace falta que los uses. Él te da la plena seguridad de que como Él venció, tú también vas a vencer. Él te da la garantía de que no serás humillada más por el reino de las tinieblas, y aunque hoy se ve todo destruido, difícil y terrible, eso es temporal. El Apóstol Pablo dice: las leves tribulaciones están diseñadas para añadir a tu vida excelente eterno peso de gloria.[30] Muy pronto podrás ver la manifestación de Dios a través de la autoridad que hay en ti.

Él te da la plena seguridad de que como Él venció, tú también vas a vencer.

La autoridad que Dios te delegó por medio de Jesús es para ser usada. Todo lo que no se sujete al plan de Dios

28 *y revestido del nuevo, el cual conforme a la imagen del que lo creó se va renovando hasta el conocimiento pleno...* (Colosenses 3:10).

29 *"Para esto yo fui constituido predicador y apóstol (digo verdad en Cristo, no miento), y maestro de los gentiles en fe y verdad"* (1 Timoteo 2:7).

30 Ver 2 Corintios 4:17, paráfrasis de la autora.

tendrá que ser confrontado por la autoridad de Dios que hay en ti. Si no usas la autoridad, alguien la usará en tu lugar, pero en contra tuya. Cada vez que debes usar la autoridad y no lo haces, le das oportunidad al enemigo para que avance y gane territorio, y lo grave no es que haya ganado territorio, el problema más grande que enfrentas es sacarlo del terreno ganado o más bien, invadido. Cuando te descuidas, el enemigo gana puntos; siendo un enemigo vencido, da la impresión de que es invencible y no lo es.

Tenemos el ejemplo de las películas. El policía protagonista persiguió al villano, tenía la pistola en las manos, apuntó, pero no disparó. El villano se escapa y continúa haciendo fechorías.

Es necesario aprender a usar la autoridad y existen muchas áreas donde serás entrenada: como esposa, madre, líder, empresaria. En lo personal también recibirás el entrenamiento adecuado para tu madurez y resistencia. Dios quiere enseñarte a conocer tu posición y tu asignación. Nadie nace sabiendo, todos vamos aprendiendo y capacitándonos poco a poco hasta convertirnos en hombres y mujeres de fe y autoridad.

Profetizo: Ya no dependerás de alguien que ore por ti, o vaya a sacar a los espíritus invasores de tu casa (aunque no está mal que pidas ayuda). A partir de hoy, les hablarás con todo el peso de la autoridad que portas por medio de Jesucristo para hacer que abandonen tu territorio.

La Palabra nos enseña que Cristo vino a predicar el evangelio del Reino de Dios. Muchas de sus parábolas hablaron del reino, diciendo que el reino es semejante a diez vírgenes, semejante a un sembrador. Juan anunció que el reino se acercaba, y más adelante Jesús anunció que el reino está entre nosotros.

Reino significa sistema, modo de gobernar, significa dominio. Así mismo, como en lo natural, un reino es como un presidente de un país que tiene sus funcionarios, senadores, alcaldes y su gabinete de política. También el Reino de Dios está estructurado por rango y autoridad; ángeles y arcángeles, ángeles ministradores. Así también el reino de la oscuridad y satanás tiene un reino, tiene funcionarios, y cada uno de ellos tiene su rango y asignación.

¡La buena noticia es que nosotros pertenecemos al Reino de Jesucristo! Y Él nos ha posicionado y calificado para usar la autoridad que nos delegó, sobre y contra el reino oscuro y perverso. Nos asignó destruir, arruinar, arrancar, y también nos empoderó para establecer, profetizar, decretar, levantar y edificar en su nombre. Nosotros estamos sentados en lugares celestiales juntamente con Jesucristo y tenemos su soplo, tenemos una orden de ejecutar la autoridad, y una afirmación que Dios está con nosotros todos los días por si se ofrece una emergencia.

Si Dios te ha dado la autoridad es porque la puedes usar sin temor y sin que tiemblen tus rodillas.

Si Dios te ha dado la autoridad es porque la puedes usar sin temor y sin que tiemblen tus rodillas. No hay nada más sabroso que derribar a tu gigante y cortarle la cabeza para que no se levante más. Se siente mucha adrenalina espiritual al ver la forma agresiva con que puedes someter al ejército enemigo hasta hacerlo polvo y sacar los escombros, pues estás cargada y llena del espíritu de Dios porque has logrado vencer al que te hacía la guerra.

DÓNDE PERDIMOS LA AUTORIDAD

Todas las cosas fueron creadas por el poder de la boca de Jehová. Él mandó y fue hecho, Él ordenó todas las cosas y las puso en orden. Todo era hermoso y bueno, pero algo faltaba: el hombre, el ser humano. En Génesis 2:7 dice que Dios formó del polvo de la tierra al hombre, sopló en su nariz aliento de vida, y fue el hombre un ser viviente.[31] Al hombre se le dio potestad sobre todas las cosas creadas. Él ejerció dominio sobre los animales, él puso nombre a cada uno de ellos.

Lo más hermoso que se podía apreciar no eran las muchas flores del jardín o sus muchos árboles o ríos. No era el dulce canto de los pajarillos, no eran sus cascadas, ni sus bosques con la neblina, sino el contacto directo del hombre con Dios, su creador. Las largas o cortas conversaciones de ellos, la complicidad, un estrecho vínculo de amistad los unió durante el tiempo que Adán caminó en obediencia a Dios

Pero todo esto quedó en ruinas cuando el hombre tomó una decisión que afectó a la humanidad hasta el día de hoy. Muchos dicen: "¿Por qué si Dios existe, pasan estas cosas? ¿Por qué hay muertes de personas inocentes? ¿Por qué hay niños pequeños con enfermedades catastróficas? ¿Cómo una madre es capaz de matar a sus hijos, o un hombre de matar a su mujer?". ¿Sabes dónde empezó todo? Cuando el hombre se apartó de Dios y desobedeció. Entró la maldición del pecado, la muerte, enfermedades, la maldad y todo lo demás.

Las grandes bendiciones se pierden por desobediencia. Muchos empiezan muy bien su llamado, o su matrimonio,

31 Paráfrasis de la autora.

Las grandes bendiciones se pierden por desobediencia.

quizás un negocio, y de repente todo se destruye, todo queda en ruinas por la desobediencia.

Desde el mismo momento que el ser humano decidió darle la espalda a Dios, en ese mismo instante el hombre cedió o perdió su posición de autoridad. El hombre (Adán) pecó al desobedecer el mandato, por lo tanto, solo un hombre (Jesús) podía restaurarla.

Adán recibió la orden de gobernar y dirigir aquí en la tierra, pero cuando desobedeció, con la misma mano que extendió para tomar el fruto prohibido, entregó el dominio y la autoridad que Dios le había confiado. Él perdió su autoridad bajo engaño, su pecado lo separó de Dios, aunque esto no fue una idea suya, sino una seducción y un engaño del mismo enemigo.

Un hombre cortó la comunión con Dios y otro hombre es quien debía venir a restaurarla. Jesús no era un poco de Dios y un poco humano. Jesús, cien por ciento Dios y cien por ciento hombre, era Dios revelado y manifestado en un hombre. Él estaba libre del señorío que el enemigo había adquirido sobre el hombre. Por eso vino en carne, nacido de mujer y como hombre para derrotarlo, para despojarlo de la autoridad que bajo engaño le quitó al hombre, para luego de recuperarla, entregarla a quien le perteneció desde la creación.

CAPÍTULO 12

Jesús nos otorgó una autoridad mayor

Al que venciere y guardare mis obras hasta el fin, yo le daré autoridad sobre las naciones.

—Apocalipsis 2:26

Jesús fue reconocido por Juan el Bautista cuando dijo: He aquí el Cordero que quita el pecado del mundo, del cual no soy digno de amarrar sus zapatos. El Padre Celestial lo confirmó cuando dijo: "Este es mi Hijo amado en quien tengo complacencia".[32]

Él manifestó su autoridad en todo lo que Él quiso. Su autoridad fue manifestada con hechos y evidencias que aun el mundo reconoce. Hizo uso de su poderío. Fue tentado y no pecó, tuvo autoridad sobre el pecado en su vida. Los pecados fueron perdonados porque en su presencia el pecado no tiene dominio. Cuando Él llega a una vida el pecado es perdonado.

- Las enfermedades y los demonios se postraron ante la autoridad de Jesucristo.[33]
- Habló como quien tiene autoridad (la tenía y la tiene).

32 Ver Juan 1: 27, 29; Mateo 27:5.
33 Ver Lucas 5: 20-24.

- La naturaleza misma estaba sujeta a su mandato de autoridad: enmudeció los vientos huracanados y aquietó las olas.[34]
- Caminó sobre las aguas.[35]
- Maldijo una higuera y se secó.[36]
- Libertó a los endemoniados y a los afligidos.
- Se volvió invisible. Cuando intentaron apedrearle, salió del lugar sin ser visto.[37]
- Multiplicó panes y peces.[38]
- Mandó a sus discípulos a tirar la red nuevamente, luego de pasar la noche entera pescando y no lograr nada. Después de su orden de autoridad, hubo una pesca milagrosa.[39]
- Anunció a todos el poderoso evangelio.
- Resucitó muertos.
- Entregó su vida en la cruz (nadie se la quitó).[40]
- Bajó a los infiernos y le quitó las llaves de autoridad al que tenía el imperio de la muerte.
- Despojó a los principados y los avergonzó públicamente.
- Se levantó de la tumba al tercer día.[41]
  Fue al cielo y regresará otra vez.

Con todo esto, ¿puedes entender la dimensión de autoridad que Jesús te brinda? Él mismo dijo que cosas mayores haremos en su nombre. ¿Sigues con temor de usar la autoridad?[42] Él dijo que nos daba potestad, y toda autori-

34 Ver Mateo 8.
35 Ver Mateo 14:25.
36 Ver Mateo 21:19.
37 Ver Juan 8:59.
38 Ver Mateo 14: 19-20.
39 Ver Juan 21: 3-6.
40 Ver Juan 19:17-30.
41 Lucas 24:1-12.
42 Ver Juan 14:12.

dad, o sea, la tienes no solo en la tierra, sino también en el cielo. El Apóstol Pablo dijo que somos herederos y coherederos juntamente con Cristo, que todas las cosas están sujetas por Él, y todas esas cosas sujetas nos las dio a nosotros para que sigamos sometiendo.

Él mismo dijo que cosas mayores haremos en su nombre.

Permíteme ser más explícita: *todo lo que se salió de control por causa del pecado, Él, con su muerte en la cruz, lo agarró con sus propias manos, lo ató o sujetó, lo amarró fuerte, te lo dio en tus manos y te dijo: "Agarra eso y no lo sueltes, mantenlo sujetado bien fuerte"*.

Es en este momento que se te abren los ojos espirituales para entender el poder de Cristo que ahora está en ti para que lo uses.

Él caminó en la autoridad que Adán abandonó. A través de su obediencia y sacrificio, Jesús restauró la autoridad dada por Dios que Adán perdió con su pecado, y cuando la perdió, nosotros la perdimos simultáneamente.

Pero cuando Jesucristo declaró: Toda potestad me es dada en el cielo y en la tierra, por lo tanto, ahora...[43]

- Vayan ustedes y ejerzan autoridad y dominio, prediquen el evangelio del reino (con denuedo y poder).
- Hagan discípulos (ganen almas para que alcancen la salvación).
- Bautícenlos (llévenlos a las aguas).
- Enseñen a que guarden todas las cosas que yo les mando, o lo que han aprendido de mis enseñanzas (preparen líderes y hombres de influencia para que hagan lo mismo).
- Sujeten demonios.

43 Ver Mateo 28:18.

- Sanen enfermos.
- Usen mi nombre.
- Hagan milagros a nombre mío.
- Vayan, hagan todo esto y no tengan miedo a nada, porque estoy con ustedes, todos los días y hasta el fin.[44]

Todo esto es para que tú tengas una idea más clara de lo que puedes hacer por medio de Él. La autoridad de Jesús está en ti; úsala.

Lo que Jesús recuperó o recobró fue para que nosotros lo pudiéramos tener otra vez y obviamente para que lo utilicemos, porque era nuestro desde la eternidad, pero el pecado debilitó y despojó a Adán de esa maravillosa autoridad.

Adán tenía dominio sobre la tierra, él gobernó y sojuzgó solamente sobre la tierra, pero *Jesucristo, su dominio y autoridad sobrepasan el dominio de la tierra*. Ahora no solo incluiría la tierra, sino también el cielo. Es una autoridad tridimensional la que hemos recibido, pues baja hasta las partes más profundas de la tierra, ¡Aleluya! Filipenses 2:10 dice que todo lo que está en la tierra, en el cielo y debajo de la tierra está bajo el dominio de Jesucristo, y que tienen y tendrán que doblar sus rodillas ante la máxima autoridad. Ahora todo ese dominio y ese poder Jesús lo comparte con nosotros, pues somos coherederos juntamente con Él.

Jesús te posiciona, te autoriza, delega y entrega un dominio mayor. Jesucristo te conectó con una autoridad mayor. Jesús recuperó la autoridad perdida en Adán, la restauró y te la ha entregado en una versión mejorada y superior a la anterior. Jesús te posicionó en el mundo natural y en el espiritual. Te sentó en lugares celestiales, lugar donde los redimidos habitan.

Nuestro dominio ahora es por encima de principados y sobre todo señorío y nombre que se nombra, ya sea en este

44 Ver Mateo 28:18-20; Marcos 16: 15-18.

siglo como el próximo siglo. Todos lo que hemos sido redimidos estamos escondidos y amparados en Cristo, y tenemos una posición en el espíritu por encima del enemigo. Lucas 10:19 dice:

> *He aquí os doy potestad de hollar serpientes y escorpiones, y sobre toda fuerza del enemigo, y nada os dañará.*

Jesús te posiciona, te autoriza, delega y entrega un dominio mayor.

El enemigo usa nuestra autoridad para afectarnos. Es como cuando desarman a alguien y lo atacan con su propia arma. Lo hemos visto en películas también, cómo alguien le quita el revólver a un guardia y lo hiere con ella misma. La misma estrategia que satanás usó para atacar al hombre y a la mujer haciendo que caigan en pecado la usa todavía y le funciona. Él está detrás de toda mentira que hace caer en desobediencia y pecado a los ungidos.

Atacó a la familia provocando a Caín a llenarse de celos contra su hermano y lo mató. Él está detrás de la actitud de rebeldía en los hijos para que se levanten contra sus padres, como el hijo pródigo. Él es quien dirige los pasos de un hombre para que abandone a sus hijos y a su mujer. Provoca que hombres y mujeres sean infieles, que se endurezca su corazón de tal manera que se desvíen de su naturaleza. Él es quien induce a las personas a vivir en vicios. Ataca a la humanidad para que vaya tras dioses ajenos, en idolatría, soberbia, desvío y perversión.

¿Hasta cuándo soportaremos todo esto? Hasta que alguien se atreva a enfrentar a ese maligno que destruye. ¿Hasta cuándo le vas a tener miedo? ¿Por qué sigues permitiendo que el enemigo avance contra ti y tú de brazos cruzados?

Profetizo que te llenas del Espíritu de Dios y actuarás en contra de quien se levanta en tu contra. Usarás la autoridad de Jesucristo que está en ti, y harás que salga huyendo por siete caminos. Usa la autoridad sin temor y no le tengas misericordia; úsala contra el reino de las tinieblas. Úsala contras fuerzas hechiceras, úsala para sacar de tu casa y de tu vida el pecado. El enemigo huye delante de aquellos que le resisten. El enemigo no puede pelear contra alguien que se posiciona y ejecuta con legalidad su autoridad. Es el mismo Cristo el que te ordena que la uses.

Profetizo que aprendes a usar esa autoridad tridimensional para enfrentar los demonios que operan desde la esfera terrenal, espíritus que desde las regiones celestes están bombardeando y bloqueando todas tus bendiciones, y las huestes satánicas de los abismos y las profundidades de la tierra que han salido para barrer todo a su paso. Pero tú, llena del Espíritu Santo, con la orden divina de usar la autoridad, con la armadura de Dios puesta, con el conocimiento y revelación de quién eres y a quién sirves, arremeterás con violencia espiritual hasta tener tu victoria, en el Nombre de Jesucristo.

En Josué 1 dice, *esfuérzate y sé valiente… no temas ni desmayes porque Jehová tu Dios estará contigo en dondequiera que vayas.*[45] ¿Crees que Dios está contigo solo para estarlo? Él está contigo para hacer una obra. Él está para defenderte, pero también para entrenarte. Está contigo para garantizarte la victoria.

En el Salmo 18:17-48 (paráfrasis de la autora), vemos parte de todo lo que hará Dios contigo.

45 Josué 1: 6 y 9.

Te librará de tu poderoso enemigo, y de los que te aborrecen; de los que son más fuertes que tú. Te podrán asaltar en el día de tu quebranto, mas Jehová fue y será siempre tu apoyo. Con Dios delante de ti, desbaratará ejércitos; con Él, asaltarás muros. Dios es el que te ciñe de poder, y quien hace perfecto tu camino; Él es quien adiestra tus manos para la batalla, para entesar con tus brazos el arco de bronce. Perseguirás a tus enemigos, y los alcanzarás, y no volverás hasta acabarlos. Los vas a herir de modo que no se levanten; caerán debajo de tus pies. El Señor te ciñe de fuerzas para la pelea; hará que tus enemigos te vuelvan las espaldas. Él es el que te libra de tus enemigos, además te eleva sobre todos los que se levantan contra ti; te librará de varón violento.

Dios es el que te ciñe de poder, y quien hace perfecto tu camino.

CÓMO USAR LA AUTORIDAD

Habla

Jesucristo hablaba en las sinagogas, en los montes, a orillas del mar. Habló de una forma tan extraordinaria que la gente preguntaba quién era este que hablaba como quien tiene autoridad, y multitudes le seguían a todas partes. Habló con autoridad a los vientos y olas turbulentas, y las mandó a enmudecer. Habló con tal autoridad que sacó a Lázaro de la tumba.

Así como cuando Pedro, en el aposento alto, se levantó y habló con denuedo la Palabra de Dios, los discípulos, luego que fueron llenos del Espíritu Santo, hablaron del evangelio con tal autoridad, sin temor y sin tartamudear que miles se convirtieron al Evangelio. Josué, en el Antiguo Testamento, usó un nivel de autoridad tan fuerte que detuvo el sol, o más bien la tierra dejó de girar.

No dejes que tu boca esté cerrada. No permitas que la palabra de autoridad sea silenciada. La gente de autoridad se reconoce por como habla. Cuando hables, todos tendrán que percibir la potencia y la influencia que proyectas. Cuando hables, hazlo sabiendo quién eres en Dios, y cuál es tu asignación. La autoridad se usa en contra los poderes de las tinieblas, contra satanás y sus demonios en el poderoso nombre de Jesucristo. No eres muda, has hablado desde bien pequeña, pero has hablado mal: solo derrota, muerte, enfermedad y desgracia, ¡pero eso va a cambiar desde hoy!

No permitas que la palabra de autoridad sea silenciada. La gente de autoridad se reconoce por como habla.

Vamos, habla. Habla al espíritu de miedo, temor y cobardía, "suéltame en el nombre de Jesús". Habla y ora así:

> *Espíritus de muerte, suicidio, homicidio, abortos salen y abandonan mi mente. Los ato y reprendo en el poderoso nombre de Jesucristo. Pecados de adulterio y fornicación, perversión sexual son desarraigados de mi vida y mi familia. Ya no tienen poder sobre nosotros. Pobreza, miseria, escasez, derrota, ruina son extirpados de raíz en el nombre de Jesús.*

Existen muchas cosas a las cuales estás sujeta, y que te oprimen y azotan, pero por la autoridad de Dios, ordeno que seas liberada. Los yugos de temor, miedos y argumentos que no te permiten vivir en victoria en el Nombre de Jesús te sueltan, y ahora te posicionas en el lugar correcto para vivir como Dios lo ha establecido. El Señor sabe que estamos expuestos a fallar, que somos polvo, que no hay nadie perfecto, que nadie es bueno y sin pecado, pero aun así Él nos da el permiso de usar algo suyo. La principal base para darle uso correcto y efectivo es la humillación, arrepentimiento genuino, depender del Espíritu Santo y la obediencia. Antes de hacer guerra, primero hay que estar limpios delante del Señor. Debemos estar como obreros que se presentan delante de Él, sin nada de qué avergonzarse.

El Señor me ha enseñado que antes de iniciar un bombardeo debo entrar en arrepentimiento. Recuerdo una vez que nuestra iglesia estaba siendo atacada por hechicería, las cosas andaban muy mal, había una parálisis espiritual, y casi nadie llegaba a los servicios. Todo se veía seco y árido, los cultos eran pesados, sin manifestación, ni conversiones. Adorar y levantar las manos era como un yunque sobre la espalda, pero Dios, en su infinita misericordia, me mostró y me dijo lo que pasaba: habían puesto trabajos sucios de hechicería que habían producido parálisis espiritual en toda la iglesia.

Aumenté mis tiempos de oración intensa buscando saber qué debía hacer y cómo tenía que hacerlo. Pasaron casi 2 meses cuando mi Comandante en Jefe me dio instrucción de lo que debía hacer. Me dijo: "Ve a la iglesia y echa agua en mi Nombre". Yo no entendí, pero mi corazón entró en obediencia. ¿Tenía preguntas? Sí. ¿Me dio un poco de temor? Sí. Le preguntaba: ¿Cómo así? ¿Voy tiro cubos de agua y con eso es suficiente?

El Espíritu Santo comenzó a guiar la lucha espiritual. Me dijo: "Llama a las intercesoras para que te acompañen. Cuando se reúnan para iniciar la guerra, lean las escrituras, comenten las visiones que les he dado a todas, confiesen sus pecados, únjanse y oren. Entonces salgan a lanzar agua en todo el estacionamiento de la iglesia".

Hice exactamente como me mandó. Abrí la Biblia para buscar dónde leer, pero mis ojos se fijaron en los versos

14 y 15 de Job 33. De varias formas habla Dios, y a veces no nos damos cuenta, pues Él nunca deja de hablarnos. A veces nos habla en medio de sueños y visiones mientras el hombre duerme profundamente. Otras veces le habla claramente al oído. Esa palabra nos impactó fuertemente, pues no había buscado específicamente, pero era la dirección del Espíritu para que supiéramos que Él nos enviaba a la guerra para darnos victoria. Y al contar los sueños, todos estaban relacionados con lo que estaba pasando.

Luego confesamos pecados. Fue duro, pues la gente no está acostumbrada a decir sus errores delante de otras personas, pero había que obedecer. Confesé los míos y luego todos lo hicieron, oramos arrepintiéndonos, nos ungimos, salimos a echar agua y fue glorioso, pues Dios nos dio la victoria. La iglesia a los pocos días se restableció, los hermanos fueron liberados de la parálisis que no les dejaba llegar al templo, se activó la llama del Espíritu Santo, y el avivamiento se manifestó. La llama del Espíritu ardía con Poder y Gloria.

Profetizo que todo lo que está bajo el poder del enemigo dominado por el reino de las tinieblas en tu vida, tu casa, ministerio, negocios, se los arrebatarás en el nombre de Jesús. Que todo lo que tienes y lo que eres recibe en este momento el impacto de la gloria de Dios. Aprenderás a ser diestro en el arte de la guerra espiritual, sensible para escuchar la dirección del Espíritu. Limpiarás tu corazón del pecado que te persigue, te lavarás las manos cada vez que te las ensucies, y nada impedirá que entres en el campo de batalla a despojar al enemigo de todas las bendiciones secuestradas.

Aprenderás a saltar los obstáculos. Jehová te da su fuerza para que persigas y alcances a tus enemigos, vas a atacarlos, y no descansarás hasta no acabarlos. Los atacarás y los harás polvo. Usarás la autoridad y tendrás victoria sobre toda fuerza del mal y nada te dañará.

CAPÍTULO 13

Hay bendición detrás del desierto

"Por tanto, he aquí, la seduciré, la llevaré al desierto, y le hablaré al corazón".

(Oseas 2:14)

Desierto es un lugar espiritual donde todos somos llevados para ser probados y capacitados en alguna área de nuestra vida, ya sea emocional, espiritual, financiera, familiar y muchas más.

La primera intención por la cual Dios nos lleva a los desiertos es para hablarnos a lo más profundo de nuestro ser. Él desea intensamente revelarte cosas nuevas, y no quiere que pases por alto sus palabras y seas olvidadizo con sus enseñanzas, porque lo que se aprende en medio de un quebrantamiento, es muy difícil de olvidar.

Lo cierto es que nadie entra voluntariamente al desierto. Absolutamente nadie prepara su maleta muy feliz para pasar unas vacaciones en un lugar árido, donde no se sabe cómo será, ni que sucederá allí. Tengo que confesar que cuando mi Padre me advierte que tengo que pasar por el desierto, me pongo verde del susto, me dan ganas de escapar, de raparme la cabeza, vestirme diferente y tomar un vuelo a algún lugar del planeta para que el cielo no me reconozca y la prueba no me llegue. Pero recuerdo que es para mi bien, y que la única forma de alcanzar el nuevo nivel de gloria es pasando por mi desierto. Entonces se me pasa el susto.

Cuando escuchamos palabras proféticas de que seremos bendecidos, que viene un incremento (en lo cual creo firmemente), todos nos ponemos eufóricos, gritamos el amén más potente, damos saltos, levantamos las manos y agarramos espiritualmente esa bendición. Pero existe algo detrás, o más bien delante de esa gran bendición, y es que seremos llevados al desierto antes de entrar y alcanzar lo prometido. Entonces nos llenamos de miedo y nos queremos echar a correr.

Cuando todos los creyentes sepan que para alcanzar bendición de Dios es obligatorio pasar por el desierto, nuestra actitud será distinta. No se echarán a morir cuando lo sepan, sino que se alegrará el corazón, pues la victoria se acerca.

Bíblicamente está establecido que es Dios quien te lleva a ese territorio espiritual, según el libro de Lucas 4:1 dice: *Jesús, lleno del Espíritu Santo, volvió del Jordán, y fue llevado por el Espíritu al desierto*. El bautismo era y es símbolo de pacto y compromiso. Lo próximo que Jesús haría es empezar el ministerio. Esto es simple. Antes de Dios empezar a usarte y llevarte al cumplimiento de lo antes anunciado, antes que su Gloria sea vista en ti, antes de que la unción que rompe yugo se active, obligatoriamente pasarás por el fuego para ser probada.

DOLOR Y BENEFICIOS DEL DESIERTO

El desierto es el laboratorio donde le harán el examen a tu hombre interior. Ahí te medirán los niveles de fe y de dudas, pero también los niveles de soberbia y humildad serán sometidos a prueba. El desierto es el radar que anunciará cuando ya estés listo para recibir todo el peso de su gloria.

La palabra profética es una herramienta que tú necesitarás para poder mantener el enfoque y poder sobrevivir durante la travesía del desierto. La recibes primero porque ella será tu salvavidas y tu esperanza. Por eso es por lo que cuando Dios te habla de algo específico, inmediatamente pareciera que el infierno se levanta en tu contra para bloquear lo que has recibido.[46]

El desierto es el radar que anunciará cuando ya estés listo para recibir todo el peso de su gloria.

El pueblo hebreo fue esclavizado en Egipto. Todo era normal aparentemente, todo estaba en calma. Fue así hasta que el mundo espiritual supo que se había dado un orden de liberación y en lo natural, el faraón comenzó a percibir que algo estaba a punto de cambiar e inició todos sus macabros planes para impedir el cumplimiento.

Desde Éxodo 1:9-10 vemos el levantamiento. El primer movimiento de las tinieblas fue sembrar inseguridad y temor en el corazón del rey, temor de enfrentar un golpe de estado. En su intento por debilitarlos como nación, le dobló el trabajo, lo oprimía cada vez más, y como aun así se seguían multiplicando, entonces el mismo diablo puso en el corazón del faraón que debía matar a todos los niños varones. Justo cuando tenía que nacer el líder que Dios usaría para traer liberación, de inmediato se activó una maquinaria para hacer oposición. El libertador Moisés era parte del plan de liberación y desde antes de nacer, ya el reino de las tinieblas quería destruirlo.

De la misma manera, ya el cielo anunció que algo grande ocurrirá contigo, y debes tener el conocimiento de que la intención del infierno es provocar un aborto del plan original; es bloquearte para que no recibas lo que Dios te

46 Ver Éxodo 5: 1-23.

tiene reservado. Él hará todo lo que pueda para que blasfemes contra Dios, para que renuncies a tu fe y tires la toalla, pero la intención de Dios es conectarte al maravilloso diseño. Aunque no lo entiendas en el momento, el desierto te conduce a una vida de fe, de poder y manifestación, además de la madurez, conocimiento y revelación que adquieres al estar en ese lugar.

El desierto es un lugar árido e inhóspito, a donde Dios te lleva para producir un nuevo capítulo de tu vida. Es el lugar a donde todos los que tienen propósito y destino profético son llevados. Luego de que entras en él, las cosas ya no serán a tu manera. Muy pocas cosas funcionan, muchos intentan moverse o salir y es en vano, pues, aunque te mudes de país o ciudad, a donde vayas igual vas a tener que soportar el desierto una vez que Dios te meta en él. Ni tus conocimientos, amistades, dinero, ni tus años en la iglesia, ni de liderazgo, te servirán de mucho. Todo queda en cero; en ese lugar dependerás solo y absolutamente de Dios.

En un desierto geográfico y en lo natural se sufre todo tipo de incomodidades. No hay provisión de ningún tipo, se sufre sed, frío y calor, el calor del día es muy intenso, y el frío de la noche es inaguantable. Tendrás cambios bruscos de temperatura, las molestias de la arena, la desesperación de querer ver algo que te infunda aliento y esperanza, y no logras ver nada.

El desierto es un lugar completamente solitario y silencioso. Es donde se derrumba tu mundo y tu autosuficiencia. Allí experimentas la soledad y el abandono doloroso de personas que amas. Por decirlo de una manera más simple, es el lugar donde Dios te quita "cosas". Muchas veces con el rostro lleno de lágrimas decimos tristemente que nos abandonaron, que nos dieron la espalda. Vemos esto como una traición, pues muchas veces, quienes se alejan son personas a las que hemos ayudado en muchas ocasiones, entendemos que nos deben algo, y que por obligación deben quedarse con nosotros.

Por lo regular nos quejamos de que estamos solos y la verdad no es así; es que Dios a quien llama, lo separa mientras lo prepara. Además, no todos pueden acompañarte; Dios está concentrado en ti y debes también tú estar concentrada en Él, pues si no lo haces, te vas a distraer y se echará a perder el Plan Divino. Dios necesita de ti y de toda tu atención. No deben acompañarte los que te rodean, pues muchas veces quien está cerca de ti jamás entenderá la dimensión de lo que Dios está haciendo y Él jamás te va a quebrar delante de una multitud.

Dios a quien llama, lo separa mientras lo prepara.

Cuando Abraham salió a sacrificar a su hijo Isaac, sus criados los acompañaron, pero a cierta distancia, él les pidió que se quedaran allí. "El resto del camino, lo recorreré solo", algo así dijo. Esos pasos debieron ser muy duros. Permíteme imaginar... por un lado el muchacho preguntando a Papá donde está el cordero, y por otro lado él recordando que Dios le había dicho, "haré de ti una nación grande y no lo haré con tu criado, lo haré con un hijo que saldrá del vientre de tu mujer".[47]

Pienso en esas palabras retumbando en sus oídos, diciendo, tu descendencia será como la arena del mar... como las estrellas del cielo... pero seguía avanzando al lugar del sacrificio. Me imagino grandes gotas de lágrimas silenciosas corriendo por su mejilla, disimulando su tristeza para que su hijo no se diera cuenta, pero con gran dolor preguntándose: ¿Qué es esto? ¿Por qué me haces esto? ¿Esto es terrible... ¿Cómo me prometes un hijo y ahora debo sacrificarlo?

47 Ver Génesis 12:2 (paráfrasis de la autora).

Me imagino que sus lágrimas salían con pujo, quizás no abrió su boca para refutar a Dios, pero sus pensamientos le atormentaban. Él con el muchacho que ya tenía la capacidad de pensar y razonar, ya en el lugar del sacrificio, Isaac diciéndole, "¿qué haces, papá?", mientras su padre en silencio doloroso lo amarraba y lo alistaba para el sacrificio. Ese momento fue tan fuerte en el mundo espiritual, que luego Jesús, hablando en el Nuevo Testamento, dijo: *"Abraham vuestro padre se gozó de que había de ver mi día; y lo vio, y se gozó"*.[48]

La experiencia de llevar a su hijo al sacrificio es sombra de lo que el Padre haría cuando entregara su Hijo Jesucristo al sacrificio por nosotros. Pero esa misma experiencia fue tan terrible y dolorosa, que él pudo ver a Jesús levantándose de entre los muertos. Por eso pudo levantar la mano con el cuchillo para sacrificar al hijo de la promesa.

Existen cosas en ti que Dios va a llevar al sacrificio. Es mejor que estés solo, pues alguien podría echar a perder todo, provocar un aborto espiritual matando tu fe, además de que la gloria siempre será de nuestro Dios. Si estás acompañado durante el desierto, puedes poner más tu confianza en esa persona, que en Dios mismo. Allí no hay ruido ni la vida fácil y placentera de nuestras ciudades modernas. Allí hasta Dios mismo hará silencio. Esa ausencia de su voz puede producir en ti la sensación de que Dios te ha abandonado, así como Jesús sintió cuando estaba en la cruz.

> *Cuando vino la hora sexta, hubo tinieblas sobre toda la tierra hasta la hora novena. Y a la hora novena Jesús clamó a gran voz, diciendo: Eloi, Eloi, ¿lama sabactani? que traducido es: Dios mío, Dios mío, ¿por qué me has desamparado?* (Marcos 15: 33-34)

48 Juan 8:56.

Hasta tus pensamientos deben hacer silencio. Nuestros pensamientos son muy ruidosos y hay que callarlos. No permitas que el bullicio de las voces de tu alma, la opinión de la gente, interrumpan lo que Dios está hablando a tu corazón. Dios es tu Maestro y hasta que no aprendas lo que Él quiere enseñarte, ahí permanecerás.

Allí todo duele, pica, arde, molesta y desespera, produce angustia. Verás cosas que jamás habías visto y conocerás cosas de ti que estaban guardadas, y no es hasta que el Espíritu Santo te lleva al desierto que descubres tus fortalezas y dices, "yo no sabía que podía aguantar algo así".

Reconocerás tus debilidades y habilidades, descubrirás tus virtudes y defectos; es el lugar de la confrontación. Es el lugar donde se fabrican los milagros más hermosos de nuestras vidas. Es un lugar de muerte. Algo va a morir en tu desierto, algo quedará sepultado; muchas cosas de tu carácter serán consumidas completamente. Las máscaras que utilizabas para disfrazarte serán inútiles.

En el desierto aprenderás a vivir en un nuevo formato y literalmente la tierra se va a abrir y se tragará completamente tu ego, tus aires de superioridad y tu autosuficiencia. En el lugar del desprendimiento es donde experimentas tu fragilidad y tus limitaciones; el lugar de la prueba y de la purificación. Es el escenario más apropiado para tener una renovación espiritual y es el lugar del encuentro cara a cara con Dios. La forma de cómo se desarrollan los eventos del desierto está diseñada para proveer a cada persona una enseñanza que podrás decir, al final, que valió la pena.

En el desierto aprenderás a vivir en un nuevo formato.

El diseño del desierto está basado en un escenario jamás pensado. Son como episodios que te dejan un sabor amargo desde el inicio hasta el final. Es donde habrá escenas de muchas tristezas, traiciones en el núcleo familiar, pérdidas en los negocios, persecuciones, calumnias, escasez, soledad, abandono, rechazo y una inmensa lista de sucesos capaz de derribar al más fuerte, aunque el objetivo no es derribar, sino levantar a la persona y conducirla a la tierra prometida, tierra buena y ancho territorio de plenitud de sosiego, quietud, paz, armonía y abundancia.

Jamás ha sido la intención de Dios llevarte al desierto para consumirte en él. Pero sí te garantizo que se consumirá todo lo que no pertenece a tu Destino Profético. Yo he tenido que entrar muchas veces ahí, he vivido grandes pruebas muy dolorosas, y en cada una de ellas sentí que eran insoportables. Pero hubo una, que, para mi edad y poco conocimiento de las dimensiones del Reino, sentía que me moría. Cada noche me acostaba y decía, "Señor, me duele," pero quiero decirte que te amo, por si me muero mientras duermo. Todo era tan fuerte que pensé que moriría.

Era muy amargo todo lo que estaba viviendo. Fue tan difícil intentar moverme o defenderme, pues hacía que me hundiera más. Estaba como en un pantano, literalmente era el lodo cenagoso que habla el Salmo 40:2.[49] Todo lo que hacía para defenderme o zafarme de la mano de Dios provocaban que me apretara más su mano, hasta que me rendí por completo y le dije:

—Aprovecha que me tienes en tus manos y acaba con esto, saca lo que tienes sacar, quita lo que tengas que quitar, y añade lo que tengas que añadir, pero acaba.

Ahí apretó más su mano, y en silencio comenzó su obra transformadora en mí. Ya no sabía qué dolía más, si su silencio o su apretón fuerte, y se enfocó en moldear mi carácter débil para convertirme en una mujer fuerte y

49 "Y me hizo sacar del pozo de la desesperación, del lodo cenagoso; Puso mis pies sobre peña, y enderezó mis pasos" (Salmo 40:2).

guerrera mientras sacaba la ambivalencia, los temores, mi falta de carácter, las iniquidades, y salió todo lo torcido que había en mí. Su obra maestra se completó para esa fase de mi nueva temporada, y al final solo pude decir, "este es el amargo más dulce que jamás probé".

Todos en algún momento decimos: "¡Ya no puedo más! ¡No sé cuándo acabará! ¡De esta no salgo con vida! ¡Qué fue lo que hice mal! Dios se olvidó de mí". Parece que las horas del reloj corren más lentamente durante este tiempo. Cada gota de lágrimas sale de un corazón realmente quebrantado. Las pequeñas cosas ya no son tan pequeñas, son inmensas, parecen montañas inamovibles frente a ti.

Debes saber que esto les sucede a justos e injustos; a ricos y pobres, a malos y buenos; a los de Norte América y a los de Europa o el continente africano.

Esto que vives no significa que Dios dejó de amarte, ni que te abandonó. Es la forma de hablarte cosas profundas, y no prestarías atención a menos que estés sola en el desierto. El desierto es la forma que Él tiene para llevarte a la bendición, a la tierra prometida, a la tierra que fluye leche y miel. El desierto es el lugar de entrenamiento a donde Dios te lleva para que puedas ser capacitada, ensanchada y prosperada. Allí tendrás que aferrarte a la mano de Dios como nunca. A donde Dios quiere llevarte, necesitas ir con la preparación específica en relación con lo que vas a recibir.

El desierto es la forma que Él tiene para llevarte a la bendición, a la tierra prometida.

CAPÍTULO 14

Desierto y el destino profético

Voz de Jehová que hace temblar el desierto; hace temblar Jehová el desierto de Cades.

—Salmo 29:8

Él era el hijo de la mujer que su padre amó con todas sus fuerzas, la mujer que desde que la vio supo que ella era el amor de su vida. Había pagado por ella un alto precio, soportó humillaciones, estafas, persecuciones, solo por estar con ella. Soportó el dolor de verla estéril, sin poder tener y abrazar un hijo fruto del amor de su vida. Luego de una larga espera, nació José. Ya le habían nacido otros hijos, y los amaba, pero este pequeño... ¡Era algo indescriptible![50]

El pequeño José recibió de su padre todo el amor, afecto, aceptación que todo hijo pueda desear, pero no de sus hermanos. Ellos le aborrecían. Su padre le hizo un vestuario que lo distinguía de los demás. Tenía una túnica de colores que simbolizaba el llamado especial, la cobertura espiritual que reposaba sobre él. Además, tenía

50 Ver Génesis 37:3-4.

habilidades, tenía un don y una gracia especial, y sus hermanos lo sabían.

El celo y la envidia no se hicieron esperar, pues él les había contado unas experiencias extrañas: sus sueños y visiones. Esto no provocó en ellos la más mínima alegría, sino que llegaron a rechazarlo de tal manera que su corazón se llenó de odio contra el joven José. La Biblia dice que llegaron a aborrecerlo aún más.

Cuando tuvieron la oportunidad, conspiraron deshacerse de él, intentaron matarlo. Rubén, uno de los hermanos, intervino, pero igual ya estaban decididos a dañarlo y le metieron en una cisterna que estaba en el desierto. ¿Puedes imaginar el daño emocional que este pequeño joven sufrió? Lo imagino llorando, suplicando por su vida, rogándoles que por favor lo sacaran de ese lugar.

Debe haber sentido indignación de escucharlos comer, beber y reír mientras él estaba metido ahí en una cisterna, quizás oscura, y con hambre. No sabemos el tiempo que pasó en ese lugar, pero considero que debió ser traumático. Su mundo dio un giro repentino y empezó a recorrer los pasillos del desierto.

Él no entendía por qué le odiaban tanto. Jamás imaginó lo que sus propios hermanos podían hacer contra él. El momento más desgarrador debió ser cuando lo sacaron de la cisterna. Quizás él creyó que había sido una broma pesada de sus hermanos, creyó que regresaría a casa con papá, que debió conmoverlos al escuchar su llanto,[51] pues su deber era protegerlo. Pero no, fueron quienes por 20 piezas de plata lo vendieron a unos traficantes de esclavos a pesar de la súplica amarga del muchacho.

Un adolescente de 17 despreocupado y feliz ahora tiene que pasar por un desierto emocional lejos de casa de su padre, no sabe a dónde va, ni qué será de su vida. El

51 Ver Génesis 42:21.

muchacho durante todo el camino experimentó la soledad, la tristeza, quizás siendo maltratado como cualquier esclavo, sin serlo.

Fue llevado a un lugar donde no conocía absolutamente nada, ni su idioma, ni sus costumbres. El proceso de adaptación tuvo que ser devastador para un adolescente. Ser esclavo cuando nada le faltaba y era el favorito de su padre, debió ser traumático. Llegó a Egipto a la casa del funcionario del Faraón. No sabemos el salario, ni el oficio, pero sí dice la Biblia que la mano de Jehová estaba con él y todo en su mano prosperaba.

Se convirtió en todo un hombre hermoso con la gracia de Dios sobre su vida. Pasaron los años y fue promovido a ser el mayordomo de la casa de su amo. Todo iba de maravillas cuando de repente, su integridad moral sería probada. Aquella mujer que debió ser muy hermosa se dispuso insistentemente a seducirlo, sin importar que era la esposa de su amo. Para el joven soñador debió ser muy difícil, humanamente hablando, tener que decirle a la dama: —Señora, usted es muy hermosa, pero a usted, ¡no la vi en mis sueños, así que olvídese de mí.

Esto le costó caro, pues ella injustamente lo acusó y él terminó en la cárcel. Para los que han sido llevados al desierto, todo ayuda para bien. Cuando las cosas empeoran, es un anuncio de que algo grande tiene Dios bien planificado para acercarte a tu destino profético. Para José, en lo natural todo empeoraba. Al principio sus hermanos le aborrecían y lo metieron en una cisterna, pero en lo espiritual solo daba un paso hacia delante para llegar a donde Dios tenía todo preparado para bendecirlo.

Mientras más se alejaba de la casa de su padre, más se acercaba a su destino profético. Aparentemente se rebajaba al caer en la cárcel, pero era necesario tocar fondo para impulsarse directo a su posición de gobierno, solo que, en ese momento, nada tenía sentido. En tu desierto, es probable que cada vez sea peor, y estés a punto de tocar fondo, pero alégrate en Dios, pues ya estás a punto de llegar.

Cuando estás dentro del propósito, Dios mismo se encarga de mover todas las piezas del ajedrez para conectarnos con su plan perfecto. Lo más hermoso es la forma en cómo hace los movimientos. Le da al Faraón visiones cuyo significado nadie podía interpretar, y solo José tenía esa respuesta. Ya Dios había derramado su gracia sobre José como un interpretador de sueños y visiones en la cárcel. Ahora, la máxima autoridad del Imperio más poderoso de aquella época, el Faraón, ha visto algo que lo perturba y solo José tiene la revelación. Dios usa formas sorpresivas para sacarte del desierto y lo hace apresuradamente. Ayer José estaba preso, y hoy es vicepresidente de una nación poderosa.

Dios usa formas sorpresivas para sacarte del desierto y lo hace apresuradamente.

En un solo día, en solo momento, todo cambia. Un solo día fuera del desierto equivale a todos los años de sufrimiento y dolor. Pero una parte de la vida de José estaba aún incompleta; a un capítulo de su vida le faltaba algo. Tenía tantas preguntas sin respuestas, algo le producía angustia, años sin saber de su padre, pensando si algún día lo volvería a ver, pensando quizás qué sería de la vida de sus hermanos, ¡y de repente ahí están ellos frente a él!

Esto no ocurrió en días, él tenía 17 años cuando fue separado de su padre, era un adolescente. Ya habían transcurrido más de 20 años antes de volver a ver a sus hermanos y saber que su padre seguía con vida. No te desesperes si han pasado años y aun no logras salir de tu desierto. Hay cosas que suceden cuando tienen que suceder, no antes. En los desiertos no se ora reprendiendo al diablo y sus demonios, pues simplemente hay cosas que tiene que pasar y punto.

No fue fácil ver el rostro de quienes le separaron de su padre, pero el desierto está diseñado para crear nuevos escenarios, para probar lo que tenemos por dentro. José tenía un corazón limpio, aunque lastimado. Cuando reconoció a sus hermanos, que vinieron cuando la hambruna había llegado a toda la tierra y llegaron a comprar comida, la Biblia registra que él lloró y su llanto lo escuchó toda la casa del faraón.[52]

Llorar es parte de la vida en el desierto, pero que tu corazón no se dañe. La vida de José nos hace un molde de todo lo que se puede enfrentar durante un desierto. Él fue amado y odiado, favorecido y abusado, tentado y confiado, humillado y exaltado. En todo momento de su vida mantuvo sus ojos puestos en el Señor, no dejó de confiar en Él. Las cosas malas que no hizo no fue pensando que Papá se daría cuenta, sino porque temía a Jehová a pesar de estar lejos de casa.

La adversidad no hizo endurecer su corazón. La prosperidad no lo arruinó con la soberbia. Lo que tenía por dentro salió, el dolor afloró en el momento de la confrontación con sus hermanos, como también la generosidad mostrada al traer no solo a su padre, el viejo Jacob, sino a sus hermanos y mujeres. Nunca tuvo una actitud de odio y venganza, y así mismo debes ser tú en este proceso. De tantas cualidades de José, hay que sobresaltar su conducta de integridad. Su conducta y corazón recto, sumiso, era lo que hacía que Jehová estuviera con él.

Su mirada no estaba enfocada en la injusticia de sus hermanos con su crueldad. Él no se concentró en ver que era un hijo de una familia prominente, y que ahora era un esclavo. Él no prestó atención a la envidia de sus

52 Ver Génesis 45: 1-4.

maquiavélicos familiares, ni a la falsa acusación, no quedó con traumas por haber caído en la cárcel por tanto tiempo. Solo aprendió todo lo que tenía que aprender en cada posición donde Dios le colocó.

Actuó bien a pesar de los conflictos. La gente aprecia más a alguien que ha luchado y es un sobreviviente de la vida. La gente valora más y mira con agrado a quien ha luchado fuertemente para llegar. Ven su vida reflejada en él, hasta quieren imitar y llegar a ser igual. La convicción de José de que Dios estaba con él le ayudó a sobrellevar las pruebas de su vida.

Su fe e integridad lo ayudaron a sobrellevar las tentaciones y el poder decirle NO a la mujer de Potifar cuando quería seducirlo. El temor de Jehová en su corazón fue más grande que sensaciones y emociones. ¿De dónde sacó fuerzas para correr? La respuesta es simple: la mano de Dios lo sacó a tiempo. Hay personas que solo saben ser íntegros y fieles cuando tienen abundancia y salud. Saben tener dominio propio y equilibrio emocional mientras tienen su familia estable. Pero cuando viene el desierto, se les quita todo y no saben lidiar con sus emociones y sus acciones, mucho menos con su orgullo y su soberbia. No saben enfrentar sus crisis y empezar de cero.

Aprenderás a escuchar a Dios, aprenderás a depender absolutamente de Él.

Aprenderás a escuchar a Dios, aprenderás a depender absolutamente de Él. Todo lo que está enraizado en ti saldrá a la luz. Eres un libro abierto, estás a cara descubierta ante Dios. Los que pasan el proceso de Dios, en su comportamiento, sus acciones, sus palabras, se les nota si están aprendiendo o si tendrán que repetir ese mismo proceso.

Que no se llene tu corazón de rencor y amargura contra aquellos que se convierten en tus verdugos. Ellos fueron asignados por Dios para empujarte y obligarte a llegar a donde Dios planificó para ti.

Tienes que ver a tus enemigos con la visión correcta, tienes que estar convencido que la única forma de llegar a la bendición es pasando por la traición, el abandono, acusación, difamación de personas muy allegadas a ti, y ver que ellos son los provocadores de tu bendición y promoción. Ver que quienes te dañaron, ahora están frente a ti, extendiendo su mano para suplicar tu ayuda. Literalmente están frente a ti esperando tu favor. Esto solo lo hace Dios.

Es impresionante cómo el dolor desaparece, cuánto gozo se produce en el corazón y cuánta plenitud en un solo instante. El sabor amargo desaparece, es como que sale el sol luego de una noche larga de tormentos y pesadillas; es un gran alivio. El rostro te cambia, eres un producto terminado. Durante tu desierto, es como el hierro en el fuego recibiendo los martillazos, y nos vemos como un pedazo de metal retorcido. Cuando el ciclo se cierra, cuando todo termina, cuando la lección está aprendida, cuando la manifestación de la bendición se acrecienta es maravilloso.

Profetizo que, aunque estés metido en cisterna, en la cárcel, aunque a quienes tú amas hoy te aborrezcan, aunque te separen violentamente de lo más preciado que tienes, Dios usa y está usando todo esto para tu bien. La mano de Dios no te soltará, esa misma mano te guiará en todo momento.

Profetizo. Cosas que nunca pediste, cosas que jamás soñaste tener, Dios te las entrega. Luego de tu **más**

La mano de Dios no te soltará, esa misma mano te guiará en todo momento.

profunda humillación, viene la mayor exaltación; luego de la difamación viene tu promoción; luego de tu mayor escasez y limitación, viene tu mayor nivel de abundancia y ensanchamiento. Pararte en la brecha representa tu mayor desafío, pero no morirás en el intento. Solo resiste. Tu bendición está a punto de manifestarse si ya terminó Jehová su obra en ti. Y si acabas de empezar tu proceso, no te desanimes, solo resiste. No te le eches a perder.

Profetizo. Se acabaron los años de escasez, los años donde solo dices: "no hay", "no tengo" y "no puedo". Se termina el tiempo de lo justo y lo exacto, o sea, donde solo aparece a duras penas para suplir y nada sobra. Ahora vienen 7 años de abundancia y conforme a como administres esa abundancia, calificas para otro tiempo de 7 años más de sobreabundancia, donde recibirás más de lo que hayas imaginado. Amén.

Ningún desierto es exactamente igual al de otros. Ninguna historia es la misma para todo el mundo, nadie reacciona igual, no todos salen aprobados; por eso repiten su proceso. Pero si aprendes lo que Dios quiere enseñarte, si escuchas lo que Dios te está diciendo, entonces tendrás el mismo final: abundancia, honra, plenitud, gozo, añadiduras y todo el bien de Dios, que solo se recibe si pasas por el desierto.

CAPÍTULO 15

No te muevas sin instrucciones

Toda la Escritura es inspirada por Dios, y útil para enseñar, para redargüir, para corregir, para instruir en justicia, a fin de que el hombre de Dios sea perfecto, enteramente preparado para toda buena obra.

—2 Timoteo 3:16-17

Para todos los que han sido llamados por el Señor, todos los que caminan en el propósito, los que se paran en la brecha y los que están pasando fuertes crisis y quieren salir victoriosos, es obligatorio pararse en la zona del conflicto a observar y hacer un levantamiento de cualquier cosa que esté sucediendo. Durante nuestras batallas cometemos errores como movernos bajo emociones, inclinar nuestros sentimientos de un lado o de otro, y a veces lo hacemos en la dirección errónea, y eso puede provocar la derrota.

Si te vas a parar en la brecha, debe ser del lado correcto.

Si te vas a parar en la brecha, debe ser del lado correcto. Solo así podrás recibir instrucciones del Espíritu Santo;

Él te dará a conocer cada estrategia y cada paso que debes seguir. No es suficiente que tengas buenas intenciones. Lo que vale en esta etapa es hacer todo bajo la dirección de Dios y estar del lado correcto.

Muchas personas han fracasado aun en pequeñas batallas por la desinformación y la poca revelación acerca de la guerra que se libra en el ámbito espiritual. Permanecer en la brecha es estar en guerra con las fuerzas enemigas del mundo invisible que intentan cada día interceptar el plan maravilloso de Dios para tu vida.

Dios habló por medio del profeta Oseas 4:6:

> *Mi pueblo fue destruido, porque le faltó conocimiento. Por cuanto desechaste el conocimiento, yo te echaré del sacerdocio; y porque olvidaste la ley de tu Dios, también yo me olvidaré de tus hijos.*

Él lo dijo con cierto pesar en su corazón en aquel momento, pero considero que lo sigue diciendo aún más, pues muchos han salido del combate por desconocimiento. Quedaron descalificados en el mundo espiritual por no tener la revelación de la posición y asignación que les ha otorgado el Padre por medio de Jesucristo.

Hace tantos años atrás que se dijeron estas palabras y aun el corazón de Dios continúa diciéndonos lo mismo. Su pueblo, o sea, tú y yo, seguimos sin conocimiento de muchas cosas que el Padre nos ha dado como herramienta para tener victoria siempre. Muchos hombres y mujeres de Dios que son ministros han sido cortados, no tienen crecimiento en sus iglesias ni en su vida personal, solo por no tener el conocimiento del mundo espiritual y la urgencia que hay por encontrar a los valientes que se paren en la brecha. Muchos no logran entender, otros se resisten y promueven que no es bíblico el tema de la guerra espiritual. Con sus argumentos siembran confusión, miedo y hasta parálisis espiritual en el cuerpo de Cristo.

Efesios 6:10-12 habla claramente:

> *Por lo demás, hermanos míos, fortaleceos en el Señor, y en el poder de su fuerza. Vestíos de toda la armadura de Dios, para que podáis estar firmes contra las asechanzas del diablo. Porque no tenemos lucha contra sangre y carne, sino contra principados, contra potestades, contra los gobernadores de las tinieblas de este siglo, contra huestes espirituales de maldad en las regiones celestes.*

Quizás leen esto, pero su mente está cerrada con un velo que les cubre y entenebrece su capacidad de entender. Podemos ver claramente de que hablaba el Apóstol Pablo en 2 Corintios 3:14:

> *Pero el entendimiento de ellos se embotó; porque hasta el día de hoy, cuando leen el antiguo pacto, les queda el mismo velo no descubierto, el cual por Cristo es quitado.*

Hay miles de creyentes que tienen un velo que no les deja entender la revelación del poder y la autoridad; no conocen la voz de su Padre, Su Comandante en Jefe. No conocen su identidad de hijo, no saben todo lo que pueden lograr por medio de la sangre poderosa de Jesucristo.

La gente se convierte en nuestras iglesias y se les enseñan muchas cosas que son buenas, como congregarse, bautizarse, orar y leer la Biblia. Otros enseñan una cultura de absorción y dependencia espiritual: que alguien les ore, que les oren por el hijo rebelde o por el marido porque perdió su empleo, que alguien les dé una palabra de parte de Dios. Eso es bueno, pero solo es para la etapa inicial de una conversión y momentos específicos cuando Dios quiere traer confirmación de algo especial.

Es más productivo y de mayor impacto enseñarles que existe un mundo espiritual real que afecta la conducta de las personas, áreas y zonas geográficas, y que deben prepararse para pelear en ese campo de la batalla espiritual. Hay que enseñarles que existe un enemigo buscando a quien devorar, un enemigo cuya asignación es matar, robar y destruir vidas, familias, iglesias y todo lo que tenga que ver con el propósito de Dios. Ese mismo enemigo también fue avergonzado públicamente y está vencido por Jesucristo en la cruz y, por lo tanto, vamos a vencer.

Tenemos armas de destrucción masiva para pelear y ganar.

Hay que enseñarles que tenemos armas de destrucción masiva para pelear y ganar. La oración, el ayuno, la Palabra de Dios, la palabra profética, la fe, la sangre de Jesucristo son armas poderosas y también por medio de la obediencia y la resistencia podemos vencerlo.

Parece que les ha sido más fácil a muchos echarse a morir como víctima ante cada ataque de ese malvado enemigo. Son tan cobardes que hasta quieren ignorar la existencia de tal enemigo, con la famosa frase, "ya Jesús pagó el precio".

¡Y claro que pagó el precio del pecado! Ciertamente pagó por nosotros. Murió en nuestro lugar, pues estábamos todos destituidos de la gloria de Dios, completamente separados de Dios y sin esperanza de salvación. Para eso vino Jesucristo a ser el mediador entre Dios y nosotros, sabiendo que la paga por haber pecado es la muerte.

Pero Jesús también vino a enseñarnos cómo hacer las cosas bien esta vez. Jesús vino a ser nuestro maestro. Él dijo, observen como yo venzo, pues así mismo ustedes vencerán. En el mundo tendrán aflicción, pero tranquilos, yo vencí. Ustedes están destinados a vencer también.[53]

> *Estas cosas os he hablado para que en mí tengáis paz. En el mundo tendréis aflicción; pero confiad, yo he vencido al mundo.* (Juan 16:33)

La versión TLA dice: "*Pero tengan valor! Yo he vencido a los poderes que gobiernan este mundo*". Pero para vencer tu necesitarás instrucciones específicas. El problema es que la mayoría de los cristianos no tienen cultura de buscar y escudriñar las instrucciones de cómo ganar cada batalla espiritual que diariamente tienen que enfrentar. Muchos están aturdidos y afanados por salir de una atmósfera de dolor y miseria, pero no lo logran. Antes deben entender que las instrucciones de parte de Dios son de vital importancia en la guerra espiritual que enfrentan.

No es aconsejable hacer guerra solo porque viste que alguien la hizo y obtuvo victoria. Necesitas estar guiada por la voz del Espíritu de Dios, y que tu oído esté atento. Necesitarás aprender a escuchar la voz de Dios para que cuando te hable tengas la plena confianza en Él, y puedas discernir entre tu voz interna, la voz de Dios o la del enemigo.

Dios no se guarda sus instrucciones. Somos nosotros quienes no las buscamos.

No seas del grupo de personas que aun habiendo recibido la Palabra o instrucciones de Dios no tuvieron revelación, ni discernimiento, no tenían afinado el oído espiritual, no la identificaron y obviamente perdieron la batalla. Dios no se guarda sus instrucciones. Somos nosotros quienes no las buscamos. Muchas veces no nos interesan, otras veces no sabemos esperar por ellas, o simplemente, pensamos que no las necesitamos.

---

53 Juan 16:33, paráfrasis de la autora.

LO QUE NO PUEDES HACER

No puedes hacer guerra espiritual alocadamente, por impulso, o basada en sentimientos egoístas o actitud de soberbia. En las iglesias hemos visto casos de líderes que entran en rebelión contra los pastores y comienzan a orar y a hacer guerra espiritual para que el pastor renuncie o quede en vergüenza. A esto se le llama oración hechicera, oraciones contrarias. Son muchos los que hacen eso, por eso sus vidas quedan bajo maldición y su ministerio fracasa. Quedan bajo cielos cerrados y techos de bronce, sin el favor de Dios.

Romanos 13:1-2 (LBLA) dice:

> *Sométase toda persona a las autoridades que gobiernan; porque no hay autoridad sino de Dios, y las que existen, por Dios son constituidas. Por consiguiente, el que resiste a la autoridad, a lo ordenado por Dios se ha opuesto; y los que se han opuesto, sobre sí recibirán condenación.*

Significa que literalmente están bajo maldición y que toda consecuencia que pudiera venir por causa de las oraciones hechiceras está bajo la total responsabilidad de quien las hace.

Recuerdo una vez, cuando nuestra iglesia iniciaba, que una señora llegó diciendo que era pastora de un país europeo. Asistió a varios servicios. Desde el primer momento que la vi, supe que era una mujer con un espíritu contrario. Al verla, mi primera impresión fue: esta bruja viene a golpearme.

De pasos firmes y largos, proyectaba mucha determinación mientras caminaba por uno de los pasillos de la iglesia. Se me acerca y me dice: —Busco al pastor. Pero comencé a hacerles algunas preguntas, sus respuestas no me convencían y mi espíritu la rechazó al instante, sobre todo por hablar muy mal de los pastores del supuesto país de donde ella decía venir.

Cada día asistía a los servicios y pudo enterarse de cada actividad de la semana y sus horarios. Comenzó a integrarse a los tiempos de oración y como los hermanos ya la habían vistos varias veces, y casi todos eran nuevos creyentes, no todos tenían mucha madurez, le permitieron agregarse al grupo para que ella orara.

Así lo hizo por varias semanas consecutivas. Un día pidió que hicieran un círculo, ella se puso en el medio y dijo: —Vamos a orar y pedir que se destruya. Nadie sabía qué cosa debía ser destruida ni por qué, pero aun sin tener mucho conocimiento, ellos simplemente no se dejaron llevar e hicieron lo correcto. Obviamente se sintieron un poco incómodos, pero obedecieron a la manera que les había enseñado (si usted no sabe por qué se está orando tenga cuidado con alinearse). Mientras ella en el círculo hablaba un idioma extraño, y en repetidas ocasiones decía "que sea destruido", intensamente mi gente decía:

—Señor, todo lo que no es tuyo y no proviene de ti, se destruye en el nombre de Jesús. Todo lo que quiera destruir a mis pastores, que sea destruido en el nombre de Jesús.

Extrañamente algunos de nuestros servidores comenzaron a enfermarse, ellos o sus hijos fueron hospitalizados. Hasta nuestra pastora principal estuvo muy grave en el hospital durante semanas, con unos dolores de cabeza que no le permitían ni abrir los ojos ni sostenerse por sí misma. Literalmente, estábamos sin escudo espiritual. Los líderes potenciales no podían asistir a los servicios, estábamos vulnerables y tan ocupados en tantos asuntos del ministerio internacional, la familia y la iglesia, que no noté el ataque contra nuestro ministerio pastoral.

La líder de oración nos informó todo lo que pasaba. Luego supimos que esta mujer pidió los teléfonos de algunos hermanos, y les pidió visitarles a sus casas. Algunos por cortesía y hospitalidad aceptaron recibirla. La líder también la recibió, pero ella oró a Jehová para que descubriera a esta mujer, le quitara las caretas, y que todo lo oculto en esta mujer quedara expuesto. Así fue.

Ella habló de sus reales intenciones y ninguna era buena. Supuestamente Dios le había instruido para que mi esposo fuera su cobertura, que él debía ungirla con un cuerno de aceite y ella vestida de blanco, muchas cosas, más que todas eran un poco extrañas. Un domingo visitó la iglesia, se acercó al pastor y le dijo que el ministerio de él era muy poderoso, y que no había crecido porque había un estorbo y ese estorbo era su esposa (o sea, yo); que su ministerio sería mejor y con mayor unción con ella a su lado.

Unos meses antes de la aparición de esta mujer, Dios me había revelado que una mujer llegaría a la iglesia con la intención de destruirla, y yo era su principal objetivo para lograrlo. Parte de su estrategia sería silenciar la voz profética en mí, buscando todas las maneras de mantenerme a distancia de mi esposo.

De alguna manera lo estaba logrando, pues durante esas semanas que ella visitaba la iglesia, ella siempre al terminar el servicio pedía ver al pastor y conversar con él. Mientras ella lo absorbía con sus conversaciones largas, yo atendía algunos asuntos urgentes y una vez que yo terminaba mis compromisos me iba a casa, y un líder se quedaba con él para asistirle.

Esta situación me molestaba mucho y oraba para que mi esposo no se dejara engañar, pues sentía que su intención no era la correcta. Era un torbellino, mil cosas nos envolvían, pero gracias al Espíritu de Dios que me dio fuerza, me sacudí del adormecimiento en el que estaba cayendo. Aunque era algo que me molestaba, no había adoptado una postura de autoridad espiritual para interrumpir lo que estaba sucediendo.

Estaba en un letargo que no me permitía reaccionar con la rapidez y determinación que ameritaban las circunstancias, pero me pude zafar de esa fuerza invisible que no me dejaba actuar. Activamos al equipo de intercesión en ayuno y oración.

Recuerdo que oraba intensamente en violencia espiritual y salí de la habitación a la parte trasera de la casa, levanté las manos al cielo y con autoridad dije:

—Padre, tú todo lo puedes hacer, todo lo escudriñas y todo lo sabes. Si esta mujer vino a destruir lo que tú nos has confiado, no dejes que ella regrese a la iglesia. Ella dice vivir en otro país, pues sácala de República Dominicana ya mismo, empácala y que salga sin regreso. No dejes que una incircuncisa destruya tu iglesia, provoca que suceda algo y que ella tenga que salir de regreso, y borro la ruta aérea por si intenta volver para atacar nuevamente nuestro ministerio. ¡Declaro en el nombre de Jesús que sube al avión lo más pronto posible y sale de mi país!

Ten cuidado con quien te alineas para orar.

Al día siguiente en el vuelo de la tarde, abordó su vuelo y abandonó el país. Por eso te advierto, ten cuidado con quien te alineas para orar. Antes de hacer guerra espiritual debes conocer la intención real, pues si no lo haces, puedes entrar en condenación por hacer guerra contra alguien a quien Dios ha llamado y ungido, alguien que tenga el favor de Dios.

SIGUE INSTRUCCIONES DE DIOS

No puedes hacer guerra espiritual solo porque algo no te parece bien, no te gusta, o no estás de acuerdo. Que no te guste o no te parezca a ti, no significa que Dios piense igual que tú. No puedes pararte en la brecha por una causa injusta. Debes tener claramente instrucciones de Dios y conocer exactamente su voluntad.

Antes de empezar a hacer guerra debes buscar dirección de Dios, y saber que lo que haces es en justicia, pues toda injusticia es pecado, y no procede de Dios. Él nunca respaldará ningún tipo de pecado, aunque sea el de ignorancia. Hablar en voz alta o gritar no significa que estás haciendo guerra; mover las manos agitadamente, volverte loca tirando puños y patadas, no significa que estás haciendo lo correcto. Por lo tanto, es posible que te desgastes, pierdas energía y no logres nada.

Usar la autoridad implica hablar alto y gritar como un capitán del ejército dando órdenes para apuntar y disparar, pero ten cuidado si dispara contra quien no es tu enemigo. Cuídate de no matar un ministerio, o a tu propia familia; cuídate de no autodestruirte. Si Dios no te ha ordenado a que hables con su autoridad en algún área, por alguna necesidad espiritual, cuando te extralimitas y lo haces, estarás, aun sin saberlo, maldiciendo, condenando y sentenciando a muerte a inocentes.

No puedes hacer guerra con brechas abiertas en tu vida.

Es terriblemente incorrecto hacer guerra solo para demostrar espiritualidad, pues lo que se mueve detrás de la demostración es un contundente fracaso. No puedes hacer guerra espiritual con soberbia y altivez de espíritu en tu corazón, pues saldrás humillado. No puedes hacer guerra con brechas abiertas en tu vida.

¿CUÁL SERÍA UNA BRECHA?

- Amargura de espíritu, falta de perdón
- Cualquier comportamiento de rebeldía, ya sea en contra de tus pastores, padres, maestros o alguien de autoridad

- Quienes viven en algún pecado oculto de adulterio, así sea el cibernético, fornicación, pornografía y cualquier pecado de impureza sexual
- Aquellos que no se someten al liderazgo en su iglesia y andan en desobediencia con sus pastores o líderes de autoridad delegada
- Ejemplos simples como personas que no escuchan el consejo ni obedecen las instrucciones y se toman atribuciones que no les pertenece.

Si lo que se hace es basado en la obra de la carne, Dios no respaldará ese accionar maligno, y vendrá un contra ataque del enemigo.

En muchas ocasiones viajamos a llevar entrenamiento a iglesias en alguna ciudad, y con lo primero que nos enfrentamos es con un grupo de líderes orando para impedir que lleguemos, usando los medios de comunicación y redes sociales prohibiendo al pueblo que ha vivido bajo los ataques constantes de satanás y que desea desesperadamente ayuda espiritual para que no asistan a nuestros eventos. Ellos ignorantemente se oponen para que no sean enseñados y no aprendan cómo ser victoriosos en Jesucristo.

Hemos vivido también hermosas experiencias donde toda la iglesia se activa en la intercesión y la guerra espiritual. Hoy son iglesias de poder y victoria, pues conocen el arte de la guerra espiritual, y vemos cómo son sanados los territorios. Lugares invadidos por la hechicería, la violencia y el pecado ahora estan transformados por el poder del Espíritu de Dios. Ministerios poderosos han sido limpiados, pues estaban rodeados de líderes desleales, faltos de integridad, reincidentes de pecado oculto, y estos han sido sacados por la misma mano de Dios.

Luego de recibir la palabra profética y entrar al campo de batalla, iglesias secas sin manifestaciones del poder de

Dios entran en un mover del Espíritu Santo. Esto provoca conversiones masivas que realmente entran en verdadero avivamiento. Es tan hermoso ver la transformación de una ciudad, de un ministerio o de un individuo, luego de poner en práctica las estrategias bíblicas.

Muchos sin tener la orden divina para hacer algo espiritual, muchos sin tener el adiestramiento ni entendimiento de la guerra espiritual, las hacen y fracasan. Luego suceden los accidentes trágicos que ponen en duda si debemos hacer o no guerra espiritual. Hemos escuchado muchas historias, que alguien subió a un helicóptero a ungir la ciudad y bajó de ahí directamente hacia un hospital. De algunos que salen a hacer guerra territorial y regresan a sus casas con severos ataques espirituales.

Recuerdo una experiencia que vivimos en los primeros años de nuestro ministerio. Llegamos a la hermosa Isla de Curazao, los pastores locales tenían un proyecto de tomar un territorio, y como acto profético estaban dando una vuelta por día a un lugar específico. Ellos estaban preparados en ayuno, oración y en santificación. Creímos que era falta de espiritualidad no unirnos a la caravana. Estábamos más preocupados por el qué dirán de nosotros, que por cualquier respuesta u opinión que tuviera Dios para nosotros. Tengo que admitir que no teníamos conocimiento de la guerra espiritual, ni orientación para aquella época.

La misma noche que llegamos era la gran y última noche donde darían las 7 vueltas, y así lo hicieron. Uno de mi equipo se unió, se fue sin preparación espiritual, sin tener la asignación de parte de Dios y sin considerar que esa batalla no era suya, que ese no era su territorio.

Esta isla es muy calurosa, sobre todo en verano. De regreso, todos contentos, contaban sus experiencias y el desafío que enfrentaron para no llamar la atención del vecindario mientras oraban, ungían y hacían declaraciones proféticas.

Solo alguien estaba callado y quieto. Su rostro un poco pálido, solo pidió ir a descansar, pues físicamente sentía como si algo muy pesado estuviera sobre sus hombros. Algo no andaba bien, comenzó la fiebre con máximas temperaturas, tanto así que, en medio de un terrible calor de verano, él tenía que usar abrigos, pues sentía mucho frío. Ningún medicamento pudo mejorar su condición durante 9 días. Se sentía desnucado, sin poder zafarse de su opresión.

Oramos y reprendimos y nada sucedió, creo que la misericordia infinita de Dios lo sanó. Éramos tan ignorantes en el tema de la guerra espiritual, que no nos dimos cuenta de que esa guerra no era nuestra. Nadie nos autorizó a entrar, ni siquiera los pastores anfitriones nos invitaron a participar. Literalmente nos metimos en las filas para salir a una guerra ajena sin que el Espíritu Santo nos diera su aprobación para hacerlo. Solamente nos acompañó la ignorancia, la buena intención y la preocupación de que fueran a dudar de nuestra espiritualidad.

Por eso tuvimos el contraataque que afectó la salud. Fue uno de los viajes más difíciles e incómodos a nivel espiritual de aquella época ministerial.

Hace unos años fui invitada a un país para una conferencia, pero me pidieron que los acompañara a subir a un helicóptero para orar y bendecir la ciudad. Oré buscando dirección de Dios y Él no me respondía absolutamente nada. Acepté la invitación de participar en la Conferencia, pero no confirmé unirme a la misión en los aires. Me mantuve orando por meses pidiendo confirmación del espíritu y no tuve la aprobación de Dios. Entonces me negué a participar.

A nuestra llegada, en el mismo aeropuerto, los pastores me preguntaron por qué me había negado a subir y mi respuesta fue simple: porque Dios no me ha autorizado a subir. Le pregunté cuál era la instrucción que habían recibido del Espíritu, cuando subieran qué harían allá arriba y su respuesta fue buena, pero no era suficiente. De repente, escuché a uno de los pastores aconsejarles: si Dios le dice que no suban a ese helicóptero, por favor, no suban. Eso despertó mi inquietud de orar en otra dirección:

—Padre, si esta misión no tiene tu aprobación, suspéndela tú mismo, yo te he visto obrar de tantas formas, tantas veces, que estoy segura de que lo puedes hacer sin problemas.

De repente, la atmósfera cambió, se nubló el cielo. Estábamos en una ciudad, pero debíamos volar a otra donde serían desarrolladas las actividades, y fue tan fuerte y clara la respuesta de Dios que, por mal tiempo, no podríamos volar de un lugar al otro. Aún con los vuelos suspendidos los anfitriones del evento insistían que subirían a orar en los aires.

Seguí orando por varias horas mientras esperábamos el nuevo horario de vuelo. Finalmente volamos en medio del mal tiempo. Al llegar a aquel lugar, los vientos fuertes y la lluvia impedían volar, la compañía y el piloto se negaron, y así Dios se encargó de cancelar todo. Muchas veces queremos hacer cosas para Dios que Él no nos ha enviado hacer. Él respaldará siempre sus instrucciones. Él va a proveer todo si Él dio la orden; Dios mismo lo hará de forma sobrenatural sin ayuda o intervención del hombre.

Si recibes instrucciones de Dios, las escuchas y obedeces, tendrás victoria. Ningún ejército envía a sus soldados a una guerra para que ellos hagan lo que se les ocurra. Ellos van a la guerra, pero siempre habrá quien les vaya dando instrucciones directas y específicas, y ganar la batalla dependerá completamente de si acatan esas órdenes.

Si recibes instrucciones de Dios, las escuchas y obedeces, tendrás victoria.

CAPÍTULO 16

Dios quiere comunicarse contigo

Me dijo: Hijo de hombre, ponte sobre tus pies, y hablaré contigo.

—Ezequiel 2:1

Cuando Dios creó al hombre, hizo dos cosas y de ahí dependería todo lo demás. Lo bendijo y le dio instrucciones: enseñorearse y sojuzgar sobre todo lo creado. Empoderamiento total. El hombre recibió una asignación y tenía que adueñarse de cada una de ellas, y ejercer su dominio tanto en la tierra, como los cielos, y en los abismos de las aguas.

Claramente vemos que en Génesis 1:28-29 los bendijo y les dio instrucciones, y en el capítulo 2:6-17 le dio instrucciones específicas sobre qué cosas podía o no hacer. En esta parte está la instrucción con condiciones aplicadas; el hombre tenía que obedecer. De tu obediencia depende tu autoridad espiritual. Lo menos que Dios espera de ti es tu obediencia total y de ella depende tu victoria.

Dios siempre ha querido tener una relación directa con el ser que Él mismo creó. Su deseo es mantener viva la relación de amistad y armonía contigo. Dios desea hablarnos, somos nosotros los que no lo escuchamos. Somos nosotros, por causa del pecado de autosuficiencia, que sentimos miedo y nos escondemos y huimos de Él. Creer que no necesitas a Dios y hacer las cosas a tu modo sin buscar su aprobación, literalmente es pecado.

> *Y oyeron la voz de Jehová Dios que se paseaba en el huerto, al aire del día; y el hombre y su mujer se escondieron de la presencia de Jehová Dios entre los árboles del huerto. Mas Jehová Dios llamó al hombre, y le dijo: ¿Dónde estás tú? Y él respondió: Oí tu voz en el huerto, y tuve miedo, porque estaba desnudo; y me escondí.* (Génesis 3:8-10)

Nuestro pecado nos hace huir de Dios. Nos convertimos en sordos pues, aunque nos hable, nuestra terquedad y egoísmo no nos permite escuchar y obedecer sus órdenes. No pretendas que la mano de Jehová te cubra y te haga prosperar si andas huyendo y .escapando de Él.

Los guerreros deben tener contacto directo con el Entrenador y Comandante en Jefe Jesucristo; contacto sin intermediarios. Solo así puedes escuchar claramente todo lo que Él tenga que decir. Dios puede enviar a ti un intermediario, un mensajero que te traiga un mensaje directo de la boca de Dios, pero es más poderoso cuando el Entrenador te habla a tu oído y te instruye, te corrige y te alienta con su voz amorosa.

Si no tienes contacto personalizado, puedes confundir su voz, escuchar tus pensamientos y creer que fue Él quien te habló. Sueñas algo y ya lo percibes como confirmación de Dios y muchas veces estás equivocada. Todo guerrero debe ser instruido, entrenado, guiado y supervisado por el Espíritu Santo y por un líder espiritualmente maduro y con testimonio. Cuando Él instruye, ten por seguro que tendrás victoria. Esa es tu garantía: que Él vaya contigo a la guerra, que Él te dé las estrategias para el momento indicado.

Nada está aprendido del todo. Él, como entrenador, puede cambiar de estrategia en cualquier momento. Si crees que tu victoria es porque asistes a los cultos cada domingo en tu iglesia, te equivocas. Si crees que ser un líder activo en tu iglesia es suficiente para tener victoria, te equivocas también en eso. Si crees que saber de memoria cada página de la Biblia te da victoria, puedes estar en un error. Hay quienes no salen de la iglesia, saben la Biblia completa, tienen muchas áreas de su vida en total derrota, y no saben cómo defenderse del enemigo, porque no hacen guerra espiritual en la forma correcta.

¡Cuántas personas fieles tenemos en nuestras iglesias y no son victoriosas! Si quieres saber si son victoriosos, déjalos hablar 10 minutos, y empezarás a darte cuenta de cuán derrotados o victoriosos están. Muchos asisten a los templos, pero solo hablan derrota, chismes, contiendas, murmuraciones, calumnias, y juzgan y condenan.

¿Quieres saber por qué? Porque no están ocupados en sus batallas, sino más bien están ociosos, pendientes de lo ajeno con sus ojos puestos en los demás y no en Jesucristo. Son de los que no entran ellos, ni dejan a entrar a otros, lo critican todo. Se oponen a que otros tengan victoria en sus vidas o ministerios.

Aquí el punto principal es que tu victoria va a depender completamente de si recibes instrucciones y las cumples. Para lo más mínimo, las necesitas. Aunque lo sientas insignificante, debes buscar dirección de Dios en la oración. Es tan necesaria la información que Él te va a dar, que tendrás que hacer oraciones perseverantes, ayunos y apegarte más a la lectura de la maravillosa Palabra de

Dios, la Biblia. Llegará también el momento en que lo único que tendrás que hacer será quedarte quieto.

> *Y Moisés dijo al pueblo: No temáis; estad firmes, y ved la salvación que Jehová hará hoy con vosotros; porque los egipcios que hoy habéis visto, nunca más para siempre los veréis.* (Éxodo 14:13)

Muchas veces te desesperas y te inquietas tanto que puedes perder de vista tu milagro. Debes cuidarte de entrar en un nivel de desesperación, pues corres el riesgo de cometer errores y fracasar. Por eso debes estar quieto en ciertos momentos, aunque la turbulencia arrecie contra ti. En ocasiones tu victoria dependerá de estar reposadamente, solo esperando la intervención divina. Muchas veces tu victoria estará en accionar rápido.

> *Entonces Jehová dijo a Moisés: ¿Por qué clamas a mí? Di a los hijos de Israel que marchen.* (Éxodo 14:15)

No puedes quedarte dominada por un espíritu de oso perezoso, caminando lento cuando debes correr. Hay situaciones que ameritan actuar diligentemente con rapidez para que el enemigo no gane ventaja. Así que tu oído debe estar activo para escuchar lo nuevo que Dios tenga para decirte.

Debes estar quieta en ciertos momentos, aunque la turbulencia arrecie contra ti.

Estamos en tiempos difíciles donde no puedes perder tu tiempo y tu energía haciendo guerra espiritual por lo que no es correcto o de la forma incorrecta. No hagas las cosas invertidas: cuando debas estar quieta, no quieras accionar, y cuando tengas que accionar, jamás te quedes quieta. Afina tus oídos. No te pararás en la brecha solo por estarlo; estarás allí para obtener un resultado.

PERMITE QUE SEA DIOS QUIEN DIRIJA TUS BATALLAS

Primera de Samuel 23 nos muestra un panorama muy claro de cómo hacerlo de la forma correcta; de cómo buscar, recibir y obedecer las instrucciones de Dios.

> *Avisaron a David, diciendo: He aquí que los filisteos combaten a Keila, y roban las eras. David consultó a Jehová, diciendo: ¿Iré a atacar a estos filisteos?*

David hizo lo correcto, consultó, buscando conocer la voluntad de Dios. Parafraseando sería: ¿Es conveniente que vaya? ¿Me necesitas? ¿Te soy útil, tengo tu aprobación? ¿Puedo ir a pelear contra los filisteos?

Te pararás en la brecha para obtener un resultado.

Permíteme explicarte un poco de esta historia. Saúl era el rey de Israel, pero estaba desechado por Jehová. La gracia y el favor de Dios habían sido retirados por completo. Su corazón está airado y celoso contra David, quien ya estaba ungido y escogido por Jehová por medio del Profeta Samuel para que fuera el próximo rey.

Eran tantos el celo y el odio de Saúl hacia David, que por mucho tiempo invirtió parte de su reinado persiguiéndolo para matarlo, y descargando su rabia e impotencia contra quienes él entendía que eran cómplices de David, matando sacerdotes y profetas. En este desasosiego que él vivía, descuidaba los intereses de algunas ciudades. No las defendía de pueblos enemigos como los filisteos.

Era deber del rey Saúl proteger sus ciudades y no lo hacía, pero David tenía la gracia de Dios y el favor de la gente, más la fama de ser un verdadero guerrero. La gente le hacía llegar las amenazas de sus enemigos. Aunque no era obligación de David salir a defenderlos, no podía quedarse quieto ante una situación; tenía un corazón dispuesto a servir. Cuando él supo que los filisteos habían atacado la ciudad de Keila y que ellos habían robado toda la cosecha, el espíritu guerrero se activó y David. acude rápidamente para ayudar. No se queda de brazos cruzados a pesar de que era de Saúl la responsabilidad de defender las fronteras de su nación.

Saúl odiaba tanto a David que solo quería matarlo. Por un lado, está la gente de Keila con la necesidad de ser defendida, y al otro lado el corazón generoso y temeroso de David, que antes de lanzarse a la batalla con su buena intención, no se moverá hasta no consultar a Jehová.

Consultó a Jehová dos veces:

—¿Puedo ir a pelear a favor de Keila?— El Señor le confirmó que le daría éxito. Dos veces le preguntó y dos veces tuvo aprobación de Dios para ir a defenderlos de los filisteos.

—Ve y ataca a los filisteos—. Él no tenía la orden de Saúl, pero sí la aprobación de Dios.

—Yo te los entregaré en tus manos—. Pero vemos en el verso 3 que le habla a su compañeros de batallas, pues él tenía un ejército de guerreros valientes. Así le llamaron: los Valientes de David. Pero esos valientes no querían ir, porque tenían miedo. Muchas veces Dios te da instrucción, pero quienes están a tu alrededor no tienen discernimiento y en vez de alentarte a seguir, te animan a rendirte. Así que cuídate de ese tipo de personas. Nunca pongas la opinión de la gente por encima de la opinión de Dios.

David volvió a consultar y Jehová le confirmó que le iba a entregar la victoria. Cuando él supo que los filisteos habían atacado la ciudad de Keila, que robaron toda la cosecha, el espíritu guerrero se activó rápidamente para defenderlos. No se quedó de brazos cruzados.

Así que fue y peleó contra los filisteos, se apoderó de todo el ganado y los hirió con gran estrago. Dios le entregó la victoria. Llegó a oídos de Saúl la noticia de David, y salió con todo el pueblo con la maquiavélica intención de matar a David, siervo de Jehová. [54]

La mayoría de los que andan mal, creen que Dios es su compañero. Nadie que ha sido rechazado por Dios jamás obtendrá su favor. Por eso no tuvo éxito de alcanzar lo que había maquinado contra el ungido de Jehová. Siempre que tengas el sello del llamamiento y el respaldo de Dios, ningún intento contra ti tendrá éxito; de eso debes estar segura. Cuando Dios tiene un propósito con alguien, Él mismo se encarga de proteger a su ungido. Cuando enfrentas la guerra más cruel, si Dios está contigo, serás librada de la derrota y serás defendida.

Le dieron la mala noticia a David que Saúl ya sabe que él se encuentra en Keila y que viene por él. Volvió a consultar a Jehová para saber qué hacer. David siempre dependía de Dios.

Cuando Dios tiene un propósito con alguien, Él mismo se encarga de proteger a su ungido.

> *Entonces David dijo: Oh Señor, Dios de Israel, tu siervo ciertamente ha oído que Saúl procura venir a Keila para destruir la ciudad por causa mía. ¿Me entregarán en su mano los hombres de Keila? ¿Descenderá Saúl*

54 Ver 1 Samuel 23 y 24. Textos parafraseados por la autora.

> *tal como tu siervo ha oído? Oh, Señor, Dios de Israel, te ruego que lo hagas saber a tu siervo. Y el Señor dijo: Descenderá. Entonces David dijo: ¿Me entregarán los hombres de Keila a mí y a mis hombres en manos de Saúl? Y el Señor dijo: Os entregarán. Se levantó, pues, David con sus hombres, como seiscientos, y salieron de Keila y anduvieron de un lugar a otro* (1 Samuel 23:10-13, LBLA)

Así como David, debes hacer el buen hábito de consultar a Dios siempre. —Señor: Ven en mi ayuda en este asunto, en el cual me siento perdida o confundida. Necesito orientación.

Hazlo cada vez que lo necesites, pues un momento Dios te dirá:

—Ve y arráncales la cabeza a esos demonios que te persiguen. En otra te podrá decir: ¡Corre, mija!.

Tu victoria está ligada a las instrucciones del Espíritu Santo. Nunca reemplaces el consejo de Jehová por el consejo de alguien que no tiene una relación estrecha con Dios. David preguntó:

— ¿Puedo ir a pelear por la gente de Keila?

—Ve, te los entrego en tus manos. Luego vuelve a preguntar:

Tu victoria está ligada a las instrucciones del Espíritu Santo.

— ¿Me quedo aquí? ¿Me va a defender esta gente por la cual yo me arriesgué para salvarla de los filisteos?.

— Escapa por tu vida, pues no te van a ayudar.

David tenía un grupo de valientes que los acompañaban, y cuando les comunicó a ellos que Dios le daba la aprobación para ir a la guerra, ellos no estaban de acuerdo. Dijeron: "Si estando aquí en Judá sentimos miedo, más temor sentiremos si vamos a luchar contra el ejército filisteo". Pero Jehová le afirmó: Ponte en marcha hacia Keila, porque voy a entregar en tus manos a los filisteos.[55]

Jamás consultes tus asuntos con personas sin revelación de las cosas del Espíritu, pues te dirán lo que ellos harían. La gente sin fe no se atreve a dar pasos al vacío por la fe. Te dirán que corres peligro, que no hagas nada, que Dios está en control y ciertamente así es: Dios siempre está en control. Por eso debes conocer su último boletín informativo. Debes consultar a Dios aun en cosas súper simples y sencillas y en las más complicadas y desafiantes, y verás su mano obrando a tu favor para darte victoria.

Jamás consultes tus asuntos con personas sin revelación de las cosas del Espíritu.

Recuerdo que una vez tenía unas preguntas muy simples: ¿A dónde quieres que vaya? ¿En qué lugar te soy más útil? ¿Dónde me necesitas más? Durante varios días oraba intensamente buscando dirección de Dios para conocer su voluntad, en relación con dos invitaciones que llegaron simultáneamente; debía ir a Boston o a Orlando, FL.

Día y noche oré por una respuesta, y esperaba con fe por la respuesta de Dios, al mismo tiempo que recibía la presión de constantes llamadas telefónicas pidiendo la confirmación de mi asistencia para dos eventos simultáneos que serían en la misma fecha, pero en dos ciudades distintas en Estados Unidos. ¡Hasta que sorpresivamente una tarde, me habló!

—¿Me preguntas para obedecerme, o finalmente harás lo que quieres hacer?, me dijo el maravilloso Espíritu Santo. Realmente yo casi estaba decidida a tomar mi propia decisión. Me asusté, pues no me esperaba esa pregunta tan directa.

55 Ver 1 Samuel 23 (Parafraseado por la autora).

— ¡Oh, no! Padre mío, ¡no voy a desobedecerte! Quiero hacer lo que tú me digas, ¡solo eso quiero! — Casi lloré del impacto tan fuerte de sus palabras a mi corazón, que me confrontaban fuertemente.

Entonces guardó silencio, no me dijo nada más. Me di cuenta de que era el momento para poner una señal contundente: la primera persona que me llame de Orlando, FL, o de Boston, que mencione las palabras "boletos aéreos", ese es el lugar a donde debo ir. Tengo que confesar que, si me daban a escoger, hubiera escogido a Boston. Me sentía más comprometida, realmente quería ir a ese evento más que al otro. Oré con fe, y esperé.

No pasaron 30 minutos cuando recibí una llamada de Orlando, FL. Era el asistente del Pastor, preguntando: —¿De qué Aeropuerto saldrás y cuántos boletos aéreos tenemos que comprar?. ¡Gloria a Dios! Viajé a la Florida a cumplir con mi compromiso. Semanas más tarde supe que el evento en Boston sufrió muchos inconvenientes, que hubo cambios que afectaron el éxito de la Convención, a diferencia de donde Dios me indicó. Orlando, FL fue un éxito total. Hasta pude regalarles unas merecidas vacaciones a mis hijos y disfrutar en familia. Dios te quiere instruir hasta en los detalles más pequeños.

No se puede pedir opinión a personas carnales e ignorantes de asuntos espirituales. Definitivamente eso causa confusión y miedo. Siempre que tengas que conversar algo espiritual, hazlo con personas que tengan mayor relación con Dios que tú misma. Gente que no están alineadas al Espíritu Santo nunca, aunque quieran, entenderán la dimensión a donde Dios va a llevarte, y lo que probablemente recibirás es palabras de desánimo, dudas y temores, hasta el punto de

Dios te quiere instruir hasta en los detalles más pequeños.

hacerte perder la confianza y confundir la instrucción que Dios te haya dado. Sin embargo, debes recordar que cuando Dios quiere instruirte, hasta las piedras pueden hablar.

Afortunadamente, David, como su costumbre era estar en contacto con su comandante, consultaba todas las veces que fuera necesario.

LO QUE TE GARANTIZA LA VICTORIA ES CONTAR CON LA INSTRUCCIÓN DE DIOS PARA IR A LA BATALLA

¿Sabes algo? Dios no va a dar respuesta a quien no tenga la genuina intención de obedecer. En 1 Samuel 15 vemos que Saúl fue desechado por desobedecer. Jehová le dio instrucciones específicas de matar a todos los amalecitas. Era un juicio que tenía que ejecutarse contra este pueblo que se había hecho oposición contra el pueblo de Israel cuando andaban por el desierto.

Saúl no atendió a las instrucciones, pues obedeció, pero parcialmente, y creo que eso es peor. El Señor lo reemplazó por alguien que sí podía obedecer. Saúl oyó las especificaciones, pero las alteró, las modificó. Las manipuló a su manera. Saúl tuvo la oportunidad de recibir instrucciones, pero su oído no estaba afinado para escuchar y obedecer al mismo tiempo, y no cumplió con las instrucciones de Dios para ganar batallas. La orden era atacar a los amalecitas, matar y destruir todo. Él escuchó, pero alteró las indicaciones y fue a ejecutar la orden recibida, pero lo hizo a su manera. Y eso le costó ser rechazado y desechado.

Si Dios envía a alguien a hacer algo específico y no lo hace, Dios buscará a otra persona que sí le obedezca.

Significa que, si Dios envía a alguien a hacer algo específico y no lo hace, Dios buscará a otra persona que sí le obedezca y haga todo como se le ordenó. Si no sabes caminar en total obediencia, con determinación, agallas, fuerzas y la agresividad espiritual que se requieren para enfrentar a tus enemigos en batallas, entonces quedas descalificada hasta que aprendas.

Dios siempre desea dar victoria a todo aquel que esté siendo oprimido y clama por su ayuda. Él es muy bondadoso para dejarlos sufrir por culpa de un rey cobarde y desobediente. Si Saúl no estaba a la altura de la tarea de defender a Keila, Dios levantaría a un hombre que sí lo estuviera, y David era ese hombre. Dios guió a David a actuar como un rey, incluso cuando aún no lo era. Dios lo llevó a tomar la autoridad en el momento de la crisis.

He escuchado historias de mujeres que están bajo una fuerte situación familiar, pues su marido no es creyente en Jesucristo. Es alcohólico de corazón desviado de la verdad y la justicia, y ella está callada padeciendo una tortura. Lo único que escucha decir es que ella debe aguantar todo, pues el hombre es la cabeza del hogar y ciertamente lo es y lo será, pero en esa condición no está listo para escuchar a Dios ni hacer uso de la autoridad espiritual.

Entonces la mujer sabia que edifica su casa se levanta en la autoridad de Cristo a buscar instrucciones de Dios para ver cómo sale adelante. ¿Crees que Dios le dirá, "no puedes hacerte cargo, eres mujer y debes someterte a que te maltraten y te golpeen"? Estoy segura de que Jehová le dirá:

—Sal al campo de batalla a pelear contra ese espíritu de amargura que lo ha llevado al alcoholismo. Derriba ese gigante, no con tus fuerzas, sino por el poder mi Espíritu.

A la gente no le gusta mucho ayunar, pero detrás de un ayuno hay mucha revelación. Literalmente se te abre el entendimiento para saber cómo actuar y se te revelan secretos bien guardados. Concentra tus fuerzas en buscar información divina, y déjate guiar.

Sea cual sea la situación, si buscas la dirección del Espíritu Santo, si buscas conocer la opinión de Dios, luego que la tengas párate en la brecha y haz lo que se te haya ordenado. Te sorprenderás al ver cómo Dios libera y rompe cadenas de impiedad, y te da la victoria.

David consultó a Jehová; esto mostraba su sabiduría y entrega. Algunos hubieran podido decir inmediatamente, "esta no es mi responsabilidad, dejen que Saúl se encargue de esto". Quizás la actitud fuera, "¡Vamos! ¡Yo puedo arreglar este problema!" Cualquiera de estos caminos hubiera sido insensato, pero David fue sabio porque consultó a Jehová. Sé sabia, mujer, tu familia necesita de ti y tú necesitas ser guiada por el Espíritu.

Tendrás rotunda victoria por dos razones: tienes la orden de Dios y la necesidad de tu gente, tu familia, tu iglesia y la ciudad, que solo cuentan contigo. David estaba dispuesto a arriesgarse para obedecer la orden de Dios y satisfacer la necesidad de la gente. Recuerda que Dios respalda lo que es justo y correcto.

Como te dije al principio, párate en la brecha, pero del lado correcto. Debes estar con el radar espiritual activo, pues en ocasiones encontrarás opiniones aparentemente lógicas con capacidad de convencerte, pero Dios no camina con la lógica humana. Para los que dicen que Dios es un Dios de paz (y lo es), ¡la respuesta que David recibió fue de ir a la guerra! Así que no te acobardes, pelea y defiende todo lo que tiene tu nombre.

No te acobardes, pelea y defiende todo lo que tiene tu nombre.

A Dios le gusta confirmar su Palabra, especialmente cuando nos dirige a hacer algo difícil o inusual.

Solo debes estar comprometida a obedecer la voluntad de Dios, incluso cuando es difícil. No importa si estando en la brecha, te ves acorralada por un enemigo aparentemente más fuerte y poderoso que tú; de sus manos Jehová te librará. Si quieres conocer las instrucciones de Dios para un asunto, búscalas en oración y ayuno, y la tendrás.

Profetizo que Jehová pone a tus enemigos debajo de tus pies. Ellos entrarán en confusión y el plan que tenían para acorralarte y acabar contigo ya no podrá ser ejecutado porque Jehová desbarata todo lo que han planificado en tu contra, y pelea a tu favor. Jehová utilizará métodos inusuales y sorprendentes para darte la victoria.

Profetizo que tu capacidad de escuchar a Dios se aumenta. Tu continuo contacto con Él te afina el oído para escuchar todo lo que Él tiene que decirte y mostrarte, pues Él no hará nada sin que su Palabra esté por delante. Antes que Él haga algo, Él hablará. Son tan importantes sus palabras, que hasta su silencio te hablará fuerte y recio.

Profetizo que, así como Moisés recibió instrucciones para guiar al pueblo hebreo por el desierto, así será contigo. Paso a paso serás guiada e instruida en todo. Él te instruirá cuando debas tocar con tu vara las aguas del Mar Rojo para que cruces en seco. Él te dirá: "Toca la roca para que brote agua". Pero el día que Él te diga, "háblale a la roca", no la golpearás. Recibirás la orden de subir al Monte Sinaí a estar cara a cara con Él. Él dirá cuándo perseguir y cuándo atacar, cuándo callar y estar quieta, y cuándo debes accionar. Solo debes estar dispuesta a obedecer. **¡Profetizo** que tu nivel de obediencia se aumenta, que podrás obedecer hasta que duela, y esto desatará las mayores victorias! Amén.

CAPÍTULO 17

Para vencer necesitas fe

Porque todo lo que es nacido de Dios vence al mundo; y esta es la victoria que ha vencido al mundo, nuestra fe.

—1 Juan 5:4

Todos hemos recibido una medida de fe y esa misma medida según tus circunstancias, se aumenta y se incrementa. La fe no se aumenta si no se ejercita. La fe se desarrolla según el uso que le das ante las crisis. Con una fe débil y parpadeante, será casi imposible tener victoria. Por medio de estas líneas quiero inyectar a tu espíritu un incremento sobrenatural de fe para que puedas vencer, pues solo así serás una mujer victoriosa en todos los terrenos a donde seas llevada para ser entrenada, y una vez estando allí, tu fe, sin importar lo que pase, no se tambalee.

Definitivamente la fe es un arma de guerra que usarás en todo momento durante tus batallas. El hábitat natural de la fe son los problemas y las crisis. En medio de situaciones negativas y limitaciones es donde la fe se mueve y entra en acción.

Cada vez que el enemigo te bombardee, debes responder con esa arma poderosa que se llama fe. Cuando el enemigo dispare contra ti dudas, miedos y la incredulidad, cuando el diablo te ataque con argumentos y razonamientos es el momento de contra atacar, contrarrestar y disparar con esa poderosa arma llamada fe.

Las batallas se vencen primero en la mente. Cuando tu mente está invadida por la incredulidad, estás en peligro de extinción. Te has pasado tiempo analizando tu vida, mirando todo lo difícil que estás enfrentando. Cuando le das espacio a los argumentos y concluyes con pensamientos de derrota, entonces ya estás derrotada; como piensas, así vives.

Si crees que de esa enfermedad vas a morir, pues así será. Si los pensamientos que están anidados en tu mente son de incredulidad, dudas y falta de fe, entonces tienes muchas probabilidades de perder esta guerra que hoy enfrentas. Si vives creyendo que tu marido se va a quedar con la primera que encuentre y vives llena de celos e inseguridades, es muy posible que choques con esa realidad.

Las batallas se vencen primero en la mente.

Todo está en lo que creas, en lo que has puesto tu fe. Por lo tanto, está prohibido que te resignes a vivir con tu vista puesta en la tragedia, la derrota, la pobreza y las malas experiencias. Eso debilitará completamente tu fe. Tú necesitas levantarte con la actitud correcta, dejar la mentalidad mediocre, pasiva y conformista, para entrar a la revelación que Dios hoy te ofrece, que es caminar por fe y no por vista.

En esta dimensión se experimenta y se descubre lo que ojos jamás vieron y se escucha lo que ningún oído escuchó, lo que no ha subido al corazón del hombre, es lo que vas a recibir.[56]

56 1 Corintios 2:9, paráfrasis de la autora.

La fe es una de las armas que Dios te ha dado para vencer. Desde la eternidad ha sido efectiva, pero es el momento que la empuñes y pelees con todas tus fuerzas contra toda fuerza del mal que obra en mentiras y dudas. Tú necesitas decidir qué quieres obtener: derrota o victoria.

> *Determinarás asimismo una cosa, y te será firme, y sobre tus caminos resplandecerá luz.* (Job 22: 28)

Dentro del sistema de Dios y su reino, no existe la ambivalencia, las indecisiones, ni la tibieza. En el reino y el sistema de Dios solo puede acontecer lo que ya Él nos ha provisto por medio de Jesucristo: una victoria contundente y absoluta.

> *Aquello que fue, ya es; y lo que ha de ser, fue ya; y Dios restaura lo que pasó.* (Eclesiastés 3:15)

Permíteme aclarar un poco: lo que estás viviendo hoy, en el mundo espiritual ya está hecho, y lo que vas a vivir mañana, ya está listo hoy. ¡Toma la autoridad en Jesucristo, entra al mundo espiritual, toma todo lo que ya fue hecho, y tráelo a tu hoy en el nombre de Jesús, por medio de la fe!

Entra al mundo espiritual, toma todo lo que ya fue hecho, y tráelo a tu hoy en el nombre de Jesús.

Donde estás hoy es el resultado del tipo de fe que tienes. Quiero hacerte varias preguntas: ¿Te sientes cómoda donde estás hoy? ¿Estás completa o te falta algo? ¿Dónde quieres estar? ¿Fuera o dentro de ese reino maravilloso? Una vida de fe no significa no tener ataques ni gigantes que te amenacen. Más bien te hace estar rodeada de ellos, pero todos están vencidos.

Cada día o temporada de tu vida hay milagros y manifestaciones gloriosas que jamás se manifestarán si no tienes la suficiente fe. Si entiendes que hay una recompensa para tu vida, entonces no te quedes con las manos vacías, muévete en fe y recibe tu milagro.

¿Cómo eres? ¿Eres de las que hay motivar y remolcar para que puedas permanecer en Dios? ¿Eres de las que, al primer instante de la tentación, niegan a Jesús? ¿O eres de aquellas personas que se atreven a salir por fe de la barca para caminar hacia Jesús? ¿Eres de las que empiezan creyendo y terminan dudando? ¿Eres una derrotada que nunca se ha podido levantar del suelo, gobernada por el reino de las tinieblas, o eres parte del cuerpo victorioso de Cristo que camina en total autoridad y en revelación del poder de la fe?

Eso realmente lo decides tú. Para usar la autoridad con fe, primeramente, debes entender que no es una moda, no es un nuevo estilo que alguien se inventó; es parte del sistema del gobierno en el reino de Dios. En la Palabra de Dios hay códigos, principios y leyes divinas que deben ser ejecutados. El Reino o Sistema de Dios tiene sus misterios, y secretos bien guardados. Tiene un idioma, una cultura, una mentalidad, y el estilo de vida es autoridad y bendición.

El Reino es salvación por medio de la gracia y el favor de Dios, pero también es confrontación y arrepentimiento. El Reino es libertad, pero jamás libertinaje. Es verdad, santidad y justicia. Es amor, pero fuego consumidor, es amor con forma de vara. No es vanas palabrerías; es demostración del poder genuino.

Por la fe Abraham, que fue un anciano, recibió la promesa de ser padre, y lo fue. Por la fe, el vientre de Sara que siempre fue estéril y era ya anciana, recibió el impacto del poder de Dios y concibió a su hijo. Fue por su fe inquebrantable que sabiendo que Isaac era el hijo de una promesa, cuando Dios le pidió que se lo sacrificara, él no lo dudó, no blasfemó contra quien le dio la promesa, sino que obedeció.

Por fe subió al monte Moriah a obedecer a Dios en algo tan terrible, pues su hijo era lo suficientemente grande que le decía:

—Están la leña y el fuego, pero ¿dónde está el cordero?. El muchacho sabía lo que era un sacrificio y por eso le hizo el comentario a su padre. Aunque no era nada fácil, él solo respondió con palabras de fe: El que me prometió cuando yo no tenía nada, Él mismo proveerá el cordero, y aun pase lo peor, sé que Él levantará mi promesa, así como vi en una visión donde alguien había sido azotado de la más vil manera y luego fue sacrificado en una cruz y allí murió, pero lo vi resucitar. Y sé que eso es lo que va a suceder. Abraham vio el día de Jesús y se gozó. Cuando tienes fe, es más fácil obedecer.

En el reino de Dios el idioma es la fe, llamando las cosas que no son como si fuesen. Es llamar a la existencia lo que no existe todavía, y todo esto por medio de la fe. Romanos 10:8 dice: *"Cerca de ti está la palabra, en tu boca y en tu corazón"*. Esta es la palabra de fe. Estamos en tiempos donde la gente de fe se conoce a la distancia, pues en su boca está la palabra de fe y autoridad. Muchas veces encontramos personas que no tienen fe, pero andan buscando una palabra por todos lados y en su afán, buscan en cualquier lado y de cualquier fuente y terminan intoxicados, pues tienen una mezcla de información que más que conducir al propósito de Dios traen confusión. Están intoxicados porque no saben que tienen cerca la palabra, la tienen en su boca, pero no lo saben y por eso no la usan.

En el reino de Dios el idioma es la fe, llamando las cosas que no son como si fuesen.

La Palabra de fe tiene como plataforma el corazón. Ese es el lugar de residencia y si está en tu corazón, sale por tu boca. Si ya lo creíste en tu corazón, entonces lo podrás ver; no puedes continuar creyendo las mentiras del enemigo y dudando de la verdad de Dios. Lo que vas a alcanzar, debes verlo en el espíritu. No es que te estás volviendo loca, no es hablar mentiras, es poder describir cómo será la manifestación de tu milagro.

Muchos no entenderán, pero tan cierto como que Cristo vive, así de cierto es que tu bendición ya está lista para ser entregada. Cuando veas que las cosas empeoran, es el momento para incrementar tu fe. Cuando las expectativas no se alcanzan y todo es oscuro, es porque se está fabricando el milagro que esperas. La fe te hace caminar sin que haya un camino. Es lo que te hace dar el paso, aunque no veas nada.

Lo que vas a alcanzar, debes verlo en el espíritu.

Una de las exigencias para entrar al reino es la fe. Por medio de ella puedes acceder a ese mundo invisible y espiritual. Es creyendo y actuando en fe de que la gloria, los beneficios, los derechos y privilegios de ese reino se manifestarán en el mundo natural. La fe es uno de los frutos del espíritu, es parte de la armadura de Dios para los creyentes en Jesucristo. Fuimos creados para creer en Dios y adorarle, pero la gente prefiere creer mentiras, adorar cualquier cosa antes que a Dios. No puedes ser un creyente sin fe. Si no tienes fe, puedes volver a convertirte para que puedas alcanzar todas tus promesas.

Con la resurrección de Cristo se inició un pacto nuevo y renovado; todos los que reciben a Jesucristo pueden recibir los beneficios del Reino por medio de la fe. Tristemente los que no están en la revelación del Reino de Dios tienden a juzgar, condenar y rechazar todo lo que no entienden. Por eso vemos personas que usan las redes sociales para atacar y perseguir a los que predicamos y vivimos conforme al Reino.

Ellos no entienden lo profético y por eso persiguen a los profetas. No entienden la guerra espiritual, por eso quieren detener a los guerreros. No entienden cuando se habla de Finanzas del Reino, primicias, diezmos, ofrendas y pactos, y maldicen a los que predican de la prosperidad como parte de los misterios y secretos guardados. Por eso viven en ruinas y miseria económica, y lo peor es que han confundido la pobreza con la santidad.

Debo aclarar que jamás la prosperidad sustituirá la salvación de las almas, pues la razón por lo que Dios envió a su hijo a morir fue para salvar por medio de Jesucristo. Pero, aun así, son muchos los que por medio de la fe se les ha revelado la salvación y de verdad aman a Dios y buscan su rostro, pero viven siendo robados y despojados de sus bendiciones financieras, porque creen en salvación, pero no en la prosperidad.

Pueden creer que Cristo viene, pero no aceptan creer que por medio de Él hay liberación y sanidad; por eso viven oprimidos todo el tiempo. Y tengo para decirte, mujer, puedes ser salva y rica, salva y bendecida, ¡salva y con una vida exitosa, salva y libre de toda opresión de maldición de enfermedad! Puedes ser salva y rica que da y ayuda, en lugar de esperar que alguien se recuerde de ti y te dé algo para que sobrevivas. Todos estamos invitados a entrar por fe a este maravilloso sistema.

¿Te has preguntado por qué siendo Dios tan poderoso y creador de todo lo que existe, miles que asisten a los servicios de la iglesia son salvos, pero viven en total pobreza y limitaciones? ¿Por qué personas que han confesado a Jesucristo como salvador, oran, danzan y hablan en lenguas, tienen sus vidas endeudadas todo el tiempo, están empobrecidos, sufren la mala experiencia de ser avergonzados constantemente?

Te pregunto, ¿qué nos impide entrar en ese reino de poder, autoridad y abundancia? ¿Qué es lo que limita la manifestación del reino? El pecado y la incredulidad. El pecado es lo que separa de Dios al ser humano. El pecado cierra la mente y el corazón para no entender los designios del Señor. Pecado no solamente es robar, matar o adulterar. Pecado es también la soberbia, la envidia, ira, contiendas, blasfemia, injusticia, celos y la incredulidad.

Los que no tienen fe son incrédulos, dudan y rechazan lo que Dios habla en su Palabra. El incrédulo duda de lo profético y la prosperidad, duda que Dios quiere bendecirle, duda de la misericordia, incluso no conoce la misericordia. No permitas que el pecado y la incredulidad te prohíban entrar a las dimensiones de fe, pues sin fe es imposible agradar al Padre. Es imposible alcanzar las promesas y poseerlas. Nadie sin fe puede pararse en la brecha a pelear en una guerra, y usar armas espirituales en las cuales no cree. Eso sería una derrota arrolladora. Levanta el ánimo y recuerda que la fe es el idioma y la moneda del cielo; tienes que aprender a hablar palabras de fe y actuar en fe.

Declara palabras de fe: mi milagro no lo veo, pero sigo creyendo. No tengo nada, pero doy el paso al frente por medio de la fe, aunque no veo el camino. Hoy toco esa puerta por fe de que se va a abrir, sigo siendo fiel en mis diezmos y ofrendas, en mis primicias y pactos y, aun así, no tengo casa propia, ¡pero la tendré! Sé y estoy segura de que mi Dios suplirá todo lo que hoy me falta. Hoy no tengo nada, pero eso es hoy, mañana veré la manifestación de su provisión. ¿Y sabes qué? ¡Así será! ¡Dios lo hará ya mismo!

Tu idioma es fe. Hoy tus ojos naturales ven puertas cerradas, endeudamiento, la alacena está vacía. Levántate y declara audiblemente: —Sé en quien he creído, y a quién le sirvo. De Él viene mi prosperidad, me ensancharé, me multiplicaré, me extenderé a la derecha y a la izquierda, mis graneros están rebosando. Escasez, eres temporal, mi victoria está en camino.

Eres una mujer agresiva en lo espiritual y con fe, dile con autoridad: — ¡Espíritu de escasez, tú y yo no cabemos en esta casa! ¡Lárgate en el nombre de Jesús! ¡Vamos, habla!

Aunque tu familia esté completamente alejada de Dios y desorientada, aunque tus hijos estén de espalda a Dios, ahí estás tú en pie de guerra parada en la brecha, hablando palabras de fe, que Dios transforma y restaura tu casa. Declara lo contrario a lo que ven tus ojos, aunque estés en el peor de los conflictos y dividida, porque tú caminas y vives por la fe en Jesucristo. Dios tomó el control de todo lo que estaba terriblemente mal y lo confrontó, y lo próximo es verlo en lo natural porque ya está hecho en el cielo. Lo que es ya fue, y lo que será ya es.

Una de las características del Reino es el poder que significa "dunamis", o sea, dinamita, explosión extraordinaria. No existe un gobierno terrenal ni espiritual sin estar relacionado a la autoridad, poder y dominio. Tu manual para vivir en el reino es la Palabra de Dios y es nuestra responsabilidad conocer las escrituras, y encontrar los derechos, privilegios y compromisos para asumirlos.

Lo que es ya fue, y lo que será ya es.

Si por uno que pecó y cometió la transgresión, entró la muerte a dominar todo, mucho más poderoso es saber que por causa de uno solo que es Jesucristo, reinaremos o dominaremos en vida por medio de Jesucristo y por Él, y hemos recibido abundante Gracia y el don de Justicia.[57]

57 Ver Romanos 5:17, paráfrasis de la autora

Si en el Antiguo Testamento muchos hombres de Dios sobre los cuales vino el Espíritu de Dios ejercieron dominio y autoridad, cuánto más después del sacrificio de Cristo en la cruz, en su resurrección, nosotros podemos tener acceso y usar ese poder y dominio.

Tenemos por medio de la fe el poder y el dominio para vencer la enfermedad, la pobreza, los demonios, la adversidad, hasta la misma muerte, y toda circunstancia de la vida que tenemos que enfrentar a diario.

Hablar del reino no es por moda o tendencia, es un estilo de vida y un misterio.

> *Y les dijo: A vosotros os es dado saber el misterio del reino de Dios; mas a los que están fuera, le hablo en parábolas todas las cosas...* (Marcos 4:11)

Misterio significa algo que se ha mantenido en secreto y ahora se revela o se saca a la luz. La Palabra de Dios contiene revelación y su propósito divino.

Dios nos creó a su misma imagen y semejanza para que podamos ser participantes de esa naturaleza y propósito divino. Ahí está incluido, por medio de la fe, dominar, reinar, ser prósperos, ser bendecidos, actuar en poder y autoridad sobre todo poder de las tinieblas. Nada nos dañará y podremos hacer milagros por medio de esa misma fe.

Su reino contiene su voluntad, su Palabra, sus obras y sus evidencias. Él nos muestra su voluntad por medio de su Palabra, y al hablar se activa el poder ilimitado, se manifiestan sus obras y todos pueden tener la evidencia de este reino y su rey.

Sin fe es imposible agradar a Dios, pues ella está conectada con todos los beneficios.

Sin fe es imposible agradar a Dios, pues ella está conectada con todos los beneficios. Ser salvo es por gracia y por la fe en Jesucristo. Para que se active tu milagro de sanidad, necesitas decir una palabra de fe agresiva. Yo, igual que la mujer del flujo de sangre,[58] no tengo que esperar que el Maestro me toque. Me arrastraré, yo misma tocaré el borde de su manto, y seré sana. De la misma manera, como dijo el centurión: Jesús, no tienes que venir a mi casa; solo di la Palabra y mi criado será sano.[59]

Tener fe es llenarte del poder de Dios y hablarle al sistema solar, hablarle a la atmósfera: aquí no va a llover a menos que yo les hable a las nubes del cielo, o le diga al sol, "detente ahí hasta que yo gane esta victoria".

Quiero que sepas que al pararte en la brecha necesitarás fe suficiente para creer, aunque veas la rotura irreparable; mucha fe para no tirar la toalla, aunque después de tanto que te has sacrificado tengas la sensación de que tus enemigos están a punto de derribarte. Yo he vivido desafíos donde he creído que ya se arruinó todo, que perdí mi tiempo. Pero ha sido el poder de la fe lo que me ha dado victoria. Pues si no tienes fe, entonces hay dudas y conforme a lo que veas con tus ojos espirituales, eso hablas y así te comportas. Tu fe no le da espacio a la duda. No te permite posicionarte en derrota, pues vives en fe, hablas con fe, los pasos que das, las puertas que tocas es todo por la fe.

Tu fe no le da espacio a la duda.

Profetizo que te vas a levantar con una nueva actitud a vencer por medio de la fe en Jesucristo. Así como Él venció, tú también vencerás,

Levántate a vencer. Si Jesucristo derrotó al diablo, tú también podrás derrotarlo a él y los espíritus que te

58 Ver Mateo 9:20.
59 Ver Mateo 8:8; versículo parafraseado por la autora.

oprimen. Tú podrás derrotar a los gigantes que te amenazan, vas a vencer ese pecado que te domina, vas a vencer ese vicio que te mantiene atado.

Por medio de la fe vas a vencer la miseria y la pobreza. Ya no serás más una mujer fracasada, te levantarás en poder y autoridad, y usarás ese poder y esa fuerza espiritual para vencer sobre toda adversidad.

Profetizo sobre tu vida salvación y vida, tú que tienes una sentencia de muerte y perdición. Tú que estás confinado a una muerte lenta, profetizo vida y vida abundante. Vas a vencer esa enfermedad, le dirás a la muerte: "No me puedes tocar, sobre mí hay promesas, sobre mí hay propósito que no se ha cumplido". ¿Dónde está, oh muerte, tu aguijón? Sobre mí hay un manto de vida.

Profetizo que entras en la mayor manifestación del reino de Dios en tu vida. La manifestación del Reino se va a reflejar en tu matrimonio, trayendo cambios, restauración y renovación en tu relación.

Profetizo victoria en tu ministerio. Estancamiento y sequía ministerial son vencidos por medio de la fe. Profetizo nuevos comienzos, nuevos horizontes, nuevas oportunidades, nuevas relaciones. nuevos negocios y relaciones comerciales. En el reino hay evidencia del poder, la gente verá a Dios obrando en ti y será impactada al ver la obra que Dios hizo en ti. Vas a vencer por la fe. Ante toda circunstancia dentro de ti va a emanar una corriente de poder que se llama fe: una fe resistente, agresiva, violenta, una fe viva e inquebrantable.

CAPÍTULO 18

Dios te está llamando a la guerra

Jehová es varón de guerra;
Jehová es su nombre.

—Éxodo 15:3

Lo primero que debes saber como base fundamental es que quien nos llama a la guerra, es Jehová el fuerte y valiente: el Varón de Guerra. Esto va con la intención de aclarar la mente de los que dicen que no es necesaria la guerra.

> *Yo he dado órdenes a mis consagrados, también he llamado a mis guerreros, a los que se regocijan de mi gloria, para ejecutar mi ira. Ruido de tumulto en los montes, como de mucha gente. Ruido de estruendo de reinos, de naciones reunidas. El* SEÑOR *de los ejércitos pasa revista al ejército para la batalla.* (Isaías 13:3-4, LBLA)

Sus consagrados son todos aquellos que han renunciado al pecado, sus pasiones y deseos para unir sus vidas al Dios creador del cielo y la tierra. Estos son los salvados que han confesado a Jesucristo como Señor y salvador, gente apartada para Dios. Dentro de ellos existe un grupo seleccionado que tiene un rango mayor; además de salvos, son guerreros.

Son gente que se regocijan con la justicia, el poder y la gloria de Dios; estos son llamados para ejecutar y accionar, han sido llamados para hacer un trabajo específico. Él personalmente está pasando revista a su ejército. Para que entiendas mejor, permíteme darte un poco de información referente a "Pasar revista". En el ámbito militar, se llama revista al examen individual que se le hace a un número de soldados, revisión de su instrucción y del estado de su vestuario y armamento.

Por lo tanto, existen diferentes tipos de revistas:

- **Revista de armas.** La que se pasa públicamente de forma periódica a todos los soldados, examinando si tienen sus armas en estado de usarlas y con la limpieza que corresponde.
- **Revista de comisario.** La que al principio del mes pasa el comisario de guerra, verificando el número de individuos de cada clase que componen un cuerpo militar para abonarles su paga
- **Revista de inspección.** La que de tiempo en tiempo pasa el inspector jefe u otro oficial de graduación en su nombre a cada uno de los cuerpos del arma, examinando su estado de instrucción y disciplina, el modo con que ha sido gobernado por los inmediatos jefes, la inversión y estado de caudales, y todo cuanto pertenece a la mecánica del cuerpo, oyendo menudamente las representaciones y quejas de todos los individuos y providenciando todo lo que juzga oportuno.
- **Revista de ropa.** La que pasan periódicamente a los soldados sus oficiales respectivos públicamente

delante de los jefes del cuerpo, reconociendo las mochilas para ver si tiene cada uno las prendas de vestuario que le corresponden y en el estado en que deben estar.

- **Pasar revista.** Reconocer los jefes militares o los ministros de la hacienda a los soldados, su número, vestuario, armamento, etc. Se usa también para presentarse los soldados a este reconocimiento. Pasar los soldados a la vista del jefe o jefes para reconocer su número, calidad y disposición.

  Dios está verificando la condición en la que se encuentran sus tropas, porque Él no te va a enviar a una guerra sin la debida preparación. Un mal estado emocional te pone en desventaja, estar en estado crítico de confusión te puede sacar del combate. No se te puede enviar sin conocimiento, pues pones en riesgo la vida tuya y de otros, ya sea familia o líderes de iglesia.

  Él no te permite participar de una guerra estando en pecado, pues en esa condición eres un blanco fácil del ejército enemigo. Dios es quien da la victoria y las cosas deben hacerse bajo su supervisión y sus estrategias. Él usará las pequeñas cosas cotidianas, pequeños detalles para entrenarte.

Dios al que llama lo prepara. El Señor llama, separa, prepara y envía. No creas que solo Él selecciona a personas que tienen liderazgo nacional o internacional, gente con fama y reconocimientos. Él está llamando a gente simple y anónima que apenas conoce su familia, personas que apenas saben su nombre en la iglesia, pero que tienen un corazón listo para convertirse en alguien poderoso en Dios. Dios los

El Señor llama, separa, prepara y envía.

llama para formarlos entrenándolos en cosas pequeñas, pero para que conquisten grandes victorias. Dios está llamando a la guerra a personas para que sean entrenadas y capacitadas de tal modo que sean reconocidas en el cielo, pero temidas en el infierno.

Está llamando a personas con apariencia de ser débiles humanamente hablando, gente en desventaja, gente que han sido robadas y arruinadas, que han perdido las esperanzas, gente empobrecida, que todos sus proyectos han sido destruidos, personas que han padecido tantas situaciones, que su identidad ha sido golpeada hasta el punto de casi perderla.

La historia de Gedeón es un buen ejemplo.[60] Así como lo hizo antes, lo está haciendo otra vez. A ti Él te dice hoy: "*Ciertamente yo estaré contigo, y derrotarás a los madianitas como a un solo hombre*" (Jueces 6:16). La historia de Gedeón se da a conocer bajo un escenario de crisis. Durante 7 años el pueblo de Dios estaba siendo oprimido, vivían atemorizados, escondidos en cuevas y lugares difíciles de alcanzar. Sembraban sus tierras y en tiempos de cosechas venían los madianitas a saquearlos y destruir todo, y no le dejaban nada para comer, invadían todo. Parecían una plaga y el pueblo de Dios estaba en completa miseria, pero un día se cansaron de tantas humillaciones y clamaron a Dios.

Dios les confronta:

—Yo les saqué de casa de servidumbres, los hice libres y les entregué tierras anchas y buenas, para que no vivan como esclavos, y lo único que les pedí es que no pequen contra mí, que sean fieles, pero no me hicieron caso.[61]

Entre todos los israelitas, Dios escogió a Gedeón para ser el instrumento de su ira, el que sería la mano de Dios

60 Ver Jueces 6: 12-16.
61 Ver Jueces 6: 8-10, paráfrasis de la autora.

aquí en la tierra. Él libraría al pueblo de su azote, y aunque estaba lleno de miedo, Dios puso su mirada y lo marcó para traer victoria a su pueblo.

Te interpreto este diálogo poderoso:

—Varón esforzado y valiente, el Señor está contigo, le habló el Ángel del Señor.

—¿Pero a quién llamas valiente y esforzado, a mí? ¿Si el Señor está con nosotros, por qué está pasando todo esto? ¿Dónde están los milagros y las obras de poder que nuestros padres nos contaron? ¡No, hombre! El Señor nos abandonó...

El Ángel le respondió:

—Usa la poca fuerza que tienes, yo soy quien te envía.

— ¿En serio? ¿No te das cuenta de que mi familia es la más pobre de toda la tribu de Manasés y yo soy el más pequeño de mi familia?

—No importa, podrás hacerlo porque yo estaré contigo y los derrotarás como si todos los madianitas juntos fueran un solo hombre, así de fácil.

Dios le dio un ejército, y estrategias para hacer la guerra y vencer.[62]

Él está llamando gente que ha sido amenazada, humillada y esclavizada por mucho tiempo, personas sin recursos, para que vayan al frente en guerra espiritual de los últimos tiempos. Te está llamando, pero no para perder y salir avergonzado, sino que te llama para una victoria arrolladora, pues Él es nuestro Comandante en Jefe, quien adiestra nuestras manos para la batalla. El Señor está llamando gente que se ven pacíficas, incapaces de romper ni un vaso, que se ven de aspecto tierno y dulce muchas veces, pero tienen sangre de guerrero, como el salmista y pastor de ovejas David le dijo Goliat:

62 Ver Jueces 6: 12-23, paráfrasis de la autora.

> *Tú vienes a mí con espada, lanza y jabalina, (escudo), pero yo vengo a ti en el nombre del Señor de los ejércitos, el Dios de los escuadrones de Israel, a quien tú has desafiado. ¡Oye lo que te va a suceder, infeliz! Jehová te entregará hoy (no mañana) en mis manos, y yo te derribaré y te cortaré la cabeza. Y daré hoy los cadáveres del ejército de los filisteos a las aves del cielo y a las fieras de la tierra, para que toda la tierra sepa que hay Dios en Israel.* (1 Samuel 17: 45-46, paráfrasis de la autora)

¡Así debes levantarte, mujer! Debes levantarte un día con la sangre hirviendo, y diciendo ¡ya basta! Si el enemigo amenaza tu vida personal, te levantas en autoridad y le dices:

> *Óyeme bien, diablo vencido, soy el templo del Espíritu Santo y todo lo que está en mí, que no es del Espíritu Santo, ¡se va ahora! Todo lo que me ata, ¡le ordeno que me suelte ahora mismo! Todo lo que no me deja avanzar y me arruina la vida hoy mismo termina su espectáculo conmigo.*

Al hacer este tipo de declaración, no la puedes hacer con suavidad y elegancia. Eso se dice con un tono de agresividad como si de verdad estuvieras harta de que alguien cada día te lleve al borde del precipicio para matarte. La verdad es que, si estás cómoda y te gusta algo, difícilmente le hables así. Imagínate a una persona que se ha pasado la vida agrediéndote en secreto y en público, te escupe, te insulta, te empuja, ¿crees que le podrás sonreír?

Bueno, quizás te puse una comparación simple; ahora vuelve a imaginar, vamos a ver esto de otro ángulo. Alguien está insultando, golpeando y violando a uno de tus hijos frente a ti, ¿qué harías?, ¿le hablas con glamur o le gritas?

Creo que hasta intentaría golpear al agresor hasta hacerlo pagar el acto de abuso, pero no estoy aquí para promover violencia doméstica ni pleitos callejeros. Solamente te hago la ilustración para que puedas visualizarte en la guerra espiritual, pues quien hoy te ataca y te agrede es algo literalmente invisible. Y la pregunta es, ¿qué harás? ¿Vienes a la guerra o te quedas?

ÉL TE LLAMA PARA QUE USES AUTORIDAD

> *Y Él les dijo: Yo veía a Satanás caer del cielo como un rayo. Mirad, os he dado autoridad para hollar sobre serpientes y escorpiones, y sobre todo el poder del enemigo, y nada os hará daño.* (Lucas 10:18-19, LBLA)

Jesús fue testigo del derrocamiento del liderazgo de Luzbel. Cuando el enemigo fue sentenciado y destituido, Jesús estaba presente y Él nos da garantías de nuestra posición y de nuestra victoria. Esto te dice que puedes hacerle frente a cualquier ataque sea cual sea, venga de donde venga; eres victoriosa. La autoridad que tienes ha sido dada o delegada por Dios por medio de Jesucristo, por lo tanto, no es tuya, y debes estar bajo la cobertura de quien te la confió. Debes permanecer en contacto directo y permanente, vivir en sujeción y obediencia a quien te llamó.

La autoridad la podría comparar con las llaves de mi casa. Si te las doy es para que vayas allá y cambies todo de lugar, guardes unas cuantas cosas, tires algunas a la basura y otras te las lleves. Si haces estas cosas sin tener las llaves, significa que eres un invasor impostor y delincuente. Si entras a una casa sin tener las llaves, aunque no hagas nada, y solo te sientas en una silla a mirar las paredes, puedes ser acusada de abuso de confianza, invasión de propiedad privada.

Entonces la llave de autoridad que Cristo te da es para que muchas cosas que están desordenadas sean ordenadas, y otras sean sacadas y tiradas a la basura. Es para que confrontes todo lo que esté causando malestar en tu vida o en tu casa, ministerio o negocios, incluso tu ciudad o nación, pues el nivel que hayas alcanzado te acredita a hacerlo a nivel del territorio.

La autoridad que recibes es para que le hagas saber a las tinieblas que no estás dispuesta a seguir permitiendo más faltas de respeto. Ve y háblale de tal modo que el mismo infierno tiemble. Es que hables con un nivel de autoridad tan grande que tengan que admitir que se despertó la leona. Te llamaron a la guerra, y ni se te ocurra pensar que es para pelear por video juego, no son simulacros, es una guerra real con enemigos, armas y municiones reales.

Los argumentos que muchos tienen sobre la guerra espiritual es que Dios es un Dios de paz. ¡Y ciertamente lo es! Pero el mismo que dice "la paz que doy no es como el mundo la da", ese mismo dice: "Estoy llamando a mis guerreros a la batalla". Dios te llama a ti, poderosa guerrera, porque esa asignación es tuya. El Creador jamás pelearía con su criatura. ¿Te imaginas a Dios en un ring de boxeo peleando con su propia creación? Eso es absurdo. Tanto satanás como los seres humanos fuimos creados, pero observa la diferencia.

Hijo de hombre, levanta endechas sobre el rey de Tiro, y dile: Así ha dicho Jehová el Señor: Tú eras el sello de la perfección, lleno de sabiduría, y acabado de hermosura. En Edén, en el huerto de Dios estuviste; de toda piedra preciosa era tu vestidura;

de cornerina, topacio, jaspe, crisólito, berilo y ónice; de zafiro, carbunclo, esmeralda y oro; los primores de tus tamboriles y flautas estuvieron preparados para ti en el día de tu creación. Tú, querubín grande, protector, yo te puse en el santo monte de Dios, allí estuviste; en medio de las piedras de fuego te paseabas. Perfecto eras en todos tus caminos desde el día que fuiste creado, hasta que se halló en ti maldad (Ezequiel 28: 12-15).

CREACIÓN DEL HOMBRE

Entonces Jehová Dios formó al hombre del polvo de la tierra, y sopló en su nariz aliento de vida, y fue el hombre un ser viviente (Génesis 2:7).

Tenemos dos criaturas. Pareciera que uno tuvo ciertos privilegios: piedras preciosas de exquisitos colores, toda una hermosura impresionante, y otro solo polvo, barro. Si hacemos comparaciones, diríamos que aparentemente fuimos creados de material de baja calidad, pero con una diferencia: el soplo, el ADN de Dios fue puesto en el barro. Al soplar, Dios mismo transfirió del poder, del señorío, toda la grandeza, la autoridad y dominio sobre el hombre, y le dijo: ¡Domina! ¡Gobierna!

"Sojuzgar" se deriva del latín, ya que es fruto de la suma de dos componentes: el prefijo "so-", que puede traducirse como "debajo", y el verbo "iudicare", que es sinónimo de "dictar un veredicto". El verbo "sojuzgar" se vincula a la acción de subyugar y ejercer la autoridad o el gobierno de forma violenta, subyugando o sometiendo al otro. Significa dominar.

Dios nos dio su soplo y eso es más que suficiente para vencer al enemigo. No vas a ganar una guerra con pocos puntos a tu favor. Es ganar arrolladoramente cada vez que tengas que cruzar la línea de batalla. Hay una sentencia para el enemigo: sobre tu pecho te arrastrarás y polvo comerás, lo único que le podrás hacer es morderle el talón de sus pies, pero la mujer te herirá la cabeza.[63] ¿Puedes ver la diferencia?

Dios te coloca en posición de ventaja para ganar. Él ha hecho su trabajo de morder cada vez que se le antoja. Por años él ha estado perforando tus talones y por eso no puedes avanzar. Con sus dientes afilados mordió tu matrimonio, tus emociones fueron golpeadas. Mordió el corazón de madre afectando la conducta y el destino de tus hijos.

Te mordió quizás con una enfermedad, esterilidad, quedaste sola y sin fuerzas ante la muerte de tu ser más amado. Te muerde todos los días cuando ves a todos realizados y tú sigues estancada. Te mordió desde pequeña con violaciones y abusos. Te muerde de tiempo en tiempo en tu ministerio o en las finanzas. ¡Menciona con tus propias palabras en que área te ha mordido ese infeliz!

Él ha hecho muy perfectamente su trabajo y ahora te pregunto: ¿Cuándo vas a realizar el tuyo, violentamente, y de forma explosiva? Esta es la sentencia: él te morderá el calcañar y tú le herirás la cabeza. Necesito que acabes de entender, mi linda mujer, que debes reaccionar ya mismo. Ataca al que te ha atacado, violenta a quien te ha violentado en el mundo espiritual.

El enemigo, tu adversario, necesita saber que has respondido al llamado del Señor para la guerra. Él debe saber que contigo ya no puede meterse tan fácilmente, que ya no eres la llorona de siempre. Él debe darse cuenta de que las lágrimas te limpiaron los ojos y ahora ves mejor que

63 Ver Génesis 3:15. Paráfrasis de la autora.

nunca; que te has limpiado el rostro y ahora tu aspecto ha sido cambiado por un rostro y una mirada de guerrera. ¡No le tienes miedo, ya no eres cobarde, ahora eres una leona parida y furiosa que no permitirá ser mordida jamás! ¡Estás armada y peligrosa!

Como dijo la Reina de Inglaterra Isabel I cuando la llamada Armada Invencible enviada por Felipe II se aprestó a invadir Inglaterra en el 1588: —Sé que tengo el cuerpo de una mujer y quizás a su vista me vean frágil y débil, pero detrás de esta apariencia tengo un corazón y las agallas de un rey. Y cualquiera que se atreva a invadir las fronteras de mi reino, se encontrará con una mujer que tiene empuñadas sus armas, listas para ser usadas, pues no voy a permitir tamaña deshonra.

Estas palabras las dijo cuando la esfera política era gobernada y dominada solo por hombres. Fue una declaración de poder, utilizó el lenguaje de la guerra para activar sus tropas, y les afirmó:

—No estoy aquí para holgar (perder el tiempo o cruzarse de brazos) y retozar, sino para vivir o morir peleando entre todos vosotros como un general de guerra.

Algo impresionante para mí en su discurso fue cómo puso a Dios por delante como escudo, y luego a sus tropas:

—Yo siempre me he conducido de tal modo donde, después de Dios, mi fortaleza principal y mi seguridad están depositadas en los corazones leales y en la buena voluntad de mis súbditos, y estoy dispuesta a morir en medio del fragor de la batalla, dispuesta a entregar mi honor y mi sangre por amor a Dios y por la salvación de mi reino y de mi pueblo.[64]

Si mujeres de aquella época pudieron hablar con tal autoridad y sin temor a las amenazas de tropas enemigas, cuánto más tú en este tiempo. Cuánto más tú, que tienes el

64 Del libro *Aquí estoy yo*, de Anna Russell, Grijalbo Ilustrados, 24 de octubre de 2019.

llamado a la guerra por el Comandante en Jefe Jesucristo. Él te llama para que derrotes a tu enemigo. Písale la cabeza con tus palabras de fe contrarias a las que el enemigo susurra, con tu oración profética llamando las cosas que no son como si fuesen; caminando por fe y no por vista; caminando en la autoridad delegada por Jesús.

Ciertamente el enemigo lo que tiene son maquinaciones, y anda asechando a ver cómo nos ataca y nos muerde el calcañar, pero tú eres de las que dicen en autoridad:

—A mí el diablo no me va a devorar. No acabará con el diseño que Dios hizo de mí. No me voy a quitar del muro; aquí estaré para defender mi casa, no permitiré una invasión. Si su plan es matarme o destruirme, que sepa que mayor es quien está conmigo peleando, que quien pelea en mi contra. No pertenezco al grupo de los que se rinden, ni tiran la toalla. Soy esforzada y valiente.

Mayor es quien está conmigo peleando, que quien pelea en mi contra.

¡Mientras haya una generación de mujeres posicionadas y de autoridad, no le dejaremos el camino libre al enemigo, ni le haremos la vida dulce y agradable; ¡no, señor! Seremos su peor dolor de cabeza, porque vamos a presionar hasta que suelte todo lo que tiene atrapado que es nuestro, y huya.

CAPÍTULO 19

Empodérate y actúa

Despierta, despierta, vístete de poder oh, Sion; vístete tu ropa hermosa oh, Jerusalén ciudad santa; porque nunca más vendrá a ti incircunciso ni inmundo. Sacúdete del polvo; levántate y siéntate, Jerusalén; suelta tus ataduras de tu cuello, cautiva hija de Sion.

(Isaías 52:1-2)

El libro de Isaías es uno de mis favoritos porque allí Dios me ha hablado fuertemente, me ha confrontado, levantado y me ha dado instrucciones. Me ha dicho qué hacer y qué no hacer, de una forma impresionante. He recibido consuelo cuando leo la Palabra de Dios porque la Biblia es el manual del creyente. Ahí están todas las fórmulas que tú necesitas para alcanzar éxito en tu vida.

No puedes pretender tener algo a nivel espiritual si primero no te aferras a la Palabra de Dios porque ella es lámpara a tus pies, es lumbrera a tu camino, es medicina a tus huesos. Ella nos redarguye, nos transforma, nos activa. Dios nos está enviando Palabra una y otra vez. El Señor nos está dando la clave, el código divino, la fórmula para que nosotros vivamos en las dimensiones que Dios espera que crucemos.

Dios en estos últimos tiempos está levantando a su Iglesia, porque Él va a volver y las señales se están cumpliendo. Las cosas que hoy vemos anuncian que Cristo viene, pero Cristo no va a venir por una Iglesia desgastada ni arruinada, porque Iglesia no es el templo, las cuatro paredes, nosotros somos la Iglesia. La Iglesia de Cristo tiene que empoderarse.

¿Qué es empoderamiento? Es el proceso por medio del cual se dota a un individuo, comunidad o grupo social de un conjunto de herramientas para aumentar su fortaleza, mejorar sus capacidades y acrecentar su potencial, todo esto con el objetivo de que pueda mejorar su situación social, política, económica, psicológica o espiritual.

Empoderar significa desarrollar en una persona la confianza y la seguridad en sí misma, en sus capacidades, en su potencial y en la importancia de sus acciones y decisiones, para afectar su vida positivamente. Y eso es lo que Dios me ha asignado hacer contigo, conducirte hasta que llegues a ser la guerrera que el Señor quiere que seas.

En el año 2005 me dijo:

—Ve y convoca, despierta y activa a los guerreros, pues voy a traer el último avivamiento sobre la faz de la tierra antes de mi venida. Y tú irás al frente del campo de batalla.

Créeme que estar al frente no es fácil, pues debo vencer para luego enseñarte cómo hacerlo. Si leíste la introducción de este libro supongo que te fijaste en todo lo que tuve que enfrentar para que por fin llegara a tus manos este manuscrito.

En este llamado a la guerra, tienes que empoderarte y continuar avanzando sin pausas, sin excusas, sin desvíos ni desenfoque, para que puedas llegar mejor. Por muchos años la Iglesia ha vivido bloqueada a nivel espiritual. Muchos están despertando, pero hay que reconocer tristemente que no todos se han posicionado ni empoderado.

Dios nos está convocando a un despertar para que salgamos a hacerle la guerra al que nos ha hecho guerra por demasiado tiempo; para que le quitemos el botín de guerra. Pero Él necesita que sueltes las ataduras, que te sacudas el polvo de aquellas circunstancias que han interrumpido el propósito de Dios, y que te pongas la vestidura hermosa que representa la cobertura o aprobación de parte de Dios para salir a vivir en absoluta victoria.

¿Sabías que de los cobardes no hay historia? Aquellos que son valientes, esos que dejan historia, son los que marcan un antes y un después, son los que observan el panorama y dicen:

—Pero esto no se parece a lo que Jehová me dijo, lo que estoy viviendo no se parece a lo que Jehová me predestinó, por lo tanto, tengo que empoderarme de la Palabra y de la promesa; tengo que hacer algo para que venga cumplimiento sobre mi vida. Soy un provocador de mi propia historia. Jehová habló, ahora debo accionar para alcanzar lo dicho por su boca.

Ya basta de vivir un evangelio donde contemos las bendiciones de otro, el milagro que otro recibió, repitiendo las experiencias que otras personas vivieron. Es necesario que te levantes y vivas tu propia experiencia de empoderamiento paso a paso, que comiences a escribir tu historia, que te adueñes de las promesas del Señor, que te salgas de la zona vulnerable donde llevas las de perder; que salgas de la zona de peligro para estar en una atmósfera de poder y autoridad. Con tantas cosas que has vivido parece que te gustó el papel de víctima, ¡pero ya no más!

Es necesario que te levantes y vivas tu propia experiencia de empoderamiento.

Cuando yo no tenía conocimiento de la Palabra yo era una llorona, vivía quejándome por todo. No encajaba en ningún lugar, llena de complejos y limitaciones. Eso me estaba lastimando a mí misma y me estaba enterrando viva literalmente, hasta un día que me levanté y me sacudí el polvo, rompí mis ligaduras y me adueñé de cada promesa. Tuve que observar si realmente eso era lo que quería Dios para mí. Me di cuenta de que no eran plan de Dios mis tantas quejas, mis frustraciones y limitaciones, y entonces Dios obró a mi favor.

Cuando el Señor envió al profeta para soltar la palabra, la esperanza no solo era para el pueblo de Israel, sino que también hoy por la gracia de Cristo Jesús entramos con confianza y participamos de esa promesa. Cuando entendemos que la posición de encorvamiento, la posición pasiva no es la que Dios está esperando de nosotros, hay una acción del Espíritu que va a intervenir y va a transformarlo todo. Pero hay un compromiso que tienes que tomar por ti misma, y comenzar a actuar para que lo que Dios va a hacer empiece a manifestarse. Empoderamiento es fortalecer tus capacidades, fortalecer tu confianza en el Señor; es redefinir tu visión y entrar al nivel de protagonista de tu propia historia.

A veces hacemos una competencia de ver a quién le va peor y nos sentimos ganadores. Observa los servicios de la iglesia y a veces son las mismas personas quienes pasan todos los días al altar (yo no tengo problema con orar y con que pasen al altar, es muy bueno cuando tú pasas a recibir), pero a veces están repitiendo una vez más, tropezando con la misma piedra, repitiendo el mismo pecado, repitiendo la misma historia, volviendo a la ruina, caminando en círculo donde no hay avance; solo agotamiento.

Dios está llamando a su poderosa Iglesia a que se levante y salga a la guerra. No porque la Iglesia esté físicamente acostada, sino para que cambie de actitud. Lo cierto es que antes la mujer no tenía voz ni voto y hoy está entrando en el campo del ministerio, los negocios, la política, y hay un despertar. Eso es bueno, pero hay que poner atención, pues noto que la mujer se está empoderando en la carne, queriendo entonces entrar en una competencia y en una actitud de falta de humildad y no es así, no es de ese empoderamiento del cual te hablo. Caminamos en el Espíritu, no por la carne.

El empoderamiento del cual te hablo es tu actitud frente a cada una de las promesas que el Señor te entregó. Si no tenías fe, ¡tienes que alimentarte espiritualmente para que recibas la suficiente fe hasta alcanzar tu milagro! Si no tenías fuerza y estabas todo el tiempo agotada, cansada, sintiéndote destruida, arruinada, que empieces a decir: ¿Qué tengo que hacer para salir de esta ruina? Si vives bajo ataques mentales, pánico, ansiedad, desesperación, inseguridad, temores, pensamientos de muerte y terror, vas a tener que hacer una de dos cosas: o te quedas paralizada, o te levantas y te sacudes todo el polvo de tu pasado tormentoso y terrible, por el poder del Espíritu de Jehová.

Así que pregúntate: ¿Cuáles son los escombros que están por encima de mí? ¿Qué es lo que quiere Dios conmigo? Porque me voy a empoderar, voy a identificar cuáles son los escombros que no me permiten levantarme; porque cuando leemos la Palabra, ella dice: ¡Sacúdete! ¡levántate! Te está dando una orden, te está diciendo: actívate, reacciona, observa el panorama y actúa.

Actívate, reacciona, observa el panorama y actúa.

Hubo mujeres y hombres en la Biblia que tuvieron que empoderarse cuando se encontraban en situaciones de vida o muerte, se levantaron con determinación y dijeron, “no me voy a quedar de brazos cruzados y sin hacer nada”. Éxodo 2 cuenta la historia de Jocabed, la madre de Moisés, cuando supo de la orden del faraón de matar a los niños varones. Ella escondió a su hijo por tres meses, pero al final tenía que tomar una decisión terrible.

La Biblia no dice que Dios le había hablado de que su hijo sería un gran profeta libertador ni nada. Ella solo dijo: "Mi hijo no va a morir en manos del rey". Dice la Palabra que preparó una arquilla de juncos y la calafateó con asfalto y brea para que no le entrara agua, la tiró al río, pero no en cualquier río, no a cualquier hora. Ella escogió sabiamente el río donde la hija del rey se bañaba y se aseguró del horario. Sabemos que Dios intervino al poner en el corazón de la princesa la decisión de tomar al niño y criarlo, pero realmente Jocabed se empoderó y accionó para salvar su muchacho.

Se empoderó Ester en un momento crucial para el pueblo judío. Habían emitido un decreto de matarlos a todos. Ella, cuando supo la noticia, se acobardó un poco por su realidad. No podía entrar a ver al rey sin ser llamada; de atreverse a cruzar el patio del palacio, le esperaba la muerte.

Pero Mardoqueo le dijo:

—No pienses que escaparás del decreto de muerte, no te olvides que eres también judía. Y si no intercedes tú ante el rey, vendrá socorro de alguna otra parte.

Esther se levantó de los escombros de la timidez y los miedos y dijo: —Ayunen, yo haré lo mismo, cruzaré ese patio y no me importa si el rey no extiende su cetro y muero, pues moriré haciendo lo que me corresponde hacer. Solo habré hecho mi parte.

Su empoderamiento libró de la masacre a un numeroso pueblo. [65]

Mujeres como Sara que estaba estéril, Ana, Raquel, la madre de Sansón, todas estas, parte de sus vidas estuvieron estériles. Algunas de ellas eran conscientes de su

65 Ver Ester 3 y 4.

esterilidad, pero no hicieron un acto de empoderamiento, solo Ana lo hizo.

Rebeca también era estéril y no podía concebir, y su marido Isaac se empoderó ante la situación y oró por su mujer. Me lo imagino diciendo: "Es que sobre mí hay una promesa, sobre mí hay una Palabra de que me multiplicaré como la arena del mar y las estrellas de cielo, porque la promesa que se le dio a mi padre Abraham me la dieron también a mí". Y él oró a Jehová a causa de que él tenía una promesa.

¡Si él no se empodera de la promesa no pasa nada! Tu actitud no puede ser pasiva ante la promesa, ni ante la adversidad. Empodérate y acciona. Esto fue lo que hicieron todos los hombres y mujeres que enfrentaron sus desafíos; tuvieron que moverse para poder alcanzar el propósito. Me impresiona cada vez que leo, en el libro de Rut, de una mujer que era moabita, un pueblo perverso y sin promesa, y viuda. La suegra, Noemí, estaba viuda y amargada como ella misma se autoproclamó.

Rut pudo decir:

—De dónde vengo es una tierra que no tiene promesa, pero estoy al lado de una mujer que sí las tiene, es una mujer de pacto y no me voy a desprender de ella.

Tu actitud no puede ser pasiva ante la promesa, ni ante la adversidad.

Rut recibió revelación y dijo:

—No me pidas que te deje, no me pidas que te abandone porque no me voy a separar de ti. Tu Dios será mi Dios, tu tierra será mi tierra, adonde vivas voy a vivir, adonde tú seas sepultada ahí seré sepultada yo.[66]

Esta mujer se empoderó y dijo:

—Yo quizá no tengo promesas, pero me voy a tomar de la mano de esta mujer maravillosa y para más, ¡tiene promesa!

66 Ver Rut 1: 16-17 (paráfrasis de la autora)

Vence la timidez

Una de las razones por la cual la Iglesia está avergonzada y paralizada es que anda tímidamente. Al accionar y hacer actos proféticos, soltar una declaración profética, lo primero que viene a la mente son los miedos, y pensamos en el qué dirán los demás. Quizá por nuestra timidez no hemos alcanzado a ver el propósito de Dios, quizá pensando en lo que los demás van a decir de nosotros.

Cuando el apóstol Pedro, en el libro de los Hechos, se levantó con autoridad a predicar ante una multitud que se aglomeró ante el derramamiento del Espíritu Santo, su acción fue producto del empoderamiento ministerial, pues si analizamos al Pedro de antes, era extrovertido de rápida respuesta, como cuando dijo: —Tú eres el hijo de Dios Altísimo, Señor. Si eres tú, manda que yo camine sobre las aguas. O cuando dijo: —No, yo no lo conozco, ni sé quién es. Ahora lo vemos ante una multitud de muchas naciones, gente hasta de Asia, Arabia, África.

> *Moraban entonces en Jerusalén judíos, varones piadosos, de todas las naciones bajo el cielo.* (Hechos 2:5)

Todos atónitos, perplejos, se cuestionaban, ¿y quiénes son estos? Otros decían: "Están borrachos". Pero se levantó Pedro empoderado, dejando atrás su ambivalencia y dijo:

> *Varones judíos, y todos los que habitáis en Jerusalén, esto os sea notorio, y oíd mis palabras. Porque éstos no están ebrios, como vosotros suponéis, puesto que es la hora tercera del día. Mas esto es lo dicho por el profeta Joel...* (Hechos 2: 14-16)

Predicó con tal seguridad en sus palabras y lleno del Espíritu Santo que se convirtieron a Jesucristo tres mil personas. Si eres pastora, profeta, apóstol, maestra, misionera, adoradora o empresaria no tengas miedo a los cuestionamientos ni opiniones. Usa tu don sin temor, abre tu boca como trompeta. A mujeres como tú, con llamado y unción, el enemigo les teme. Así que empodérate, usa tu potencial espiritual en el nombre de Jesús.

Si sientes parálisis en cualquier área de tu vida, levántate y sacúdete el polvo. La razón de tu estancamiento es que no te has posicionado ni te has adueñado de las promesas que el Señor te ha dado. Jesucristo nos hizo participantes y coherederos con Él. Entonces alguien tiene que entender:

—Yo soy la Iglesia de Cristo, soy coheredera, por lo tanto, yo me voy a levantar, me voy a sacudir el polvo, voy a salir de debajo de los escombros. Me voy a levantar por encima de los pronósticos, me voy a levantar por encima de la adversidad y de los impedimentos que el mundo me ponga por delante.

Empodérate, mujer, créele a la Palabra, y aunque es posible que tu fe sea pequeña, mucho más pequeña que un grano de mostaza, si ejercitas tu fe y tu autoridad, se va a incrementar. No es voluntad de Dios que vivas con situaciones que te limitan. Dios se manifiesta hoy haciéndote libre. La crisis es algo normal, llegan temporadas muy duras y difíciles, pero hay personas que no están viviendo temporadas y llevan así toda una vida.

No es voluntad de Dios que vivas con situaciones que te limitan.

Por eso vengo a decirte de parte de Dios que puedes y tienes que salir de abajo de esto. Puede ser que te está costando romper con hábitos tóxicos y nocivos y malos vicios, pero en el nombre de Jesús dile a todo eso:

— ¡No más! Me voy a sacudir, tengo una orden de parte de Dios y no voy a seguir tolerando lo que Dios no escribió en el cielo.

Siempre estoy procurando saber qué dijo Dios de mi vida personal, qué dijo Dios de mi matrimonio y de mis hijos, mi iglesia y mi ministerio. Necesito saber qué dice Dios cuando hay un asunto, una adversidad. Entro en su presencia y le digo: —Señor, aquí vengo a buscar cuál es tu opinión de este asunto. Tan pronto Él me da su opinión, entonces yo oro en esa dirección. Tengo que admitir que muchas veces he cometido errores, que no siempre las cosas me salen impecablemente bien. Pero ese no puede ser el estilo. Los errores en cosas serias no pueden ser lo normal. Para evitar el mal sabor de los errores y las consecuencias que suelen ser muy incómodas y hasta vergonzosas, solo hay que vivir buscando conocer el corazón de Dios y su voluntad buena, perfecta y agradable.

Muchas veces eres el resultado de lo que has construido bajo el temor y las justificaciones.

No siempre has estado como Dios quiere; muchas veces eres el resultado de lo que has construido bajo el temor y las justificaciones. Estás viviendo el resultado de lo que por años viniste haciendo. Revisa cómo han sido tu fe y tu relación con Dios. ¿Te creíste muy sabia? ¿Creíste que tus fuerzas venían de ti? ¿Cuáles fueron las decisiones que ayer tomaste que hoy tu vida está en desorden?. ¿Cuáles son las cosas que has hecho que hoy estás literalmente prisionera?

El Dios al que yo sirvo, que es también el tuyo, te dice: —Yo quiero soltar tus ataduras. Quiero que vivas una vida de libertad. Dios siempre ha querido que su pueblo sea libre, y de tiempo en tiempo Él envía un libertador, gente que te dan la palabra de activación, y te dirigen a ejecutar un plan de acción en tiempos de crisis.

DEFIENDE LO TUYO

Alguien que se empodera es alguien que identifica lo que Dios le entregó, y dice valientemente:

—Es que yo sé que esto es mío, que el Señor me lo entregó; no lo merecía, pero me lo dio. Por lo tanto, no dejaré que me roben más. Aunque haya una orden de quitarte esa bendición que Dios te entregó, tú vas a responder con plena convicción de que "lo que Jehová me entregó, el enemigo no me lo va a quitar". Reconoce lo que has recibido, no lo minimices ni le restes valor a lo que Dios te ha entregado.

Reconoce lo que has recibido, no lo minimices ni le restes valor a lo que Dios te ha entregado.

El Señor te está llamando a la guerra para que enfrentes a tu enemigo espiritual sin compasión ni misericordia. En ti está la unción que fue desatada sobre el profeta Jeremías en el capítulo 1, que es arrancar, destruir, arruinar y derribar toda agenda satánica. Estás calificada para derribar argumentos, arrancar de raíz maldiciones y decretos en tu contra, y tienes la real asignación de edificar y plantar los cimientos de tu nueva dimensión de gloria y poder en Jesucristo.

Después de hoy, jamás vas a dejar que el enemigo destruya lo que Dios te entregó, jamás vas a permitir que el enemigo use artimañas y sutilezas, porque al menor movimiento tú te vas a levantar, vas a usar las armas que no son carnales, son espirituales y poderosas en Dios para destrucción de fortalezas.

Ciertamente Jehová te defiende, pero también Dios está esperando tu reacción. Dios está esperando que te pongas en actitud de que le crees. Jocabed pudo haber dicho: "Dios lo librará, no voy a hacer nada, el niño que llore". Yo me imagino a Jocabed tratando de silenciar a su bebé durante la noche para que no se enteraran de que en esa casa había un niño. Dice la Biblia que por meses lo escondió y cuando ya no pudo más, ella no se lo entregó al faraón. Tuvo estrategia; se dejó dirigir literalmente por el Espíritu Santo de Dios.

Esta mujer tuvo la capacidad, la inteligencia y la sabiduría para conectar a su hijo Moisés con su propósito. Se dejó dirigir por el Espíritu Santo, porque Dios siempre nos entrega, a cada uno de nosotros, cosas que son realmente valiosas y que son parte de la promesa y su propósito. Tú no puedes lanzar tu propósito a cualquier lado, tú no puedes darle poco valor, tú tienes que aprender a pelear con uñas y dientes para defender lo que Dios te entregó.

Dios te entregó un matrimonio. Aunque esté en crisis, defiéndelo. El enemigo está golpeando fuertemente para llevarte al cansancio y que sueltes tu bendición. Ha traído escombros sobre los matrimonios, yo diría que demasiada basura sobre los matrimonios. A los hogares, el enemigo envía golpes, maltratos, abusos, violaciones, infidelidades, insultos. ¿Qué vas a hacer? ¿Te vas a quedar ahí abajo?

Levántate ahora mismo en pie de guerra y obtén tu victoria en Dios. Él quiere obrar un milagro, los cielos se abren a tu favor, tu vida cobra vida, porque este poderoso evangelio es sabroso, porque produce gozo. Cada vez que hay batallas y los ataques son violentos, nosotros no nos quedamos de brazos cruzados, sino que golpeamos una y otra vez, con el gozo de que viene la gran victoria. Yo lo he vivido, mi esposo y yo lo hemos vivido como familia, como esposos, y como ministros.

Dios no te ha llamado a vivir en ruina, Dios no te ha llamado para que vivas avergonzada, ¡Dios te llamó para caminar de gloria en gloria y de triunfo en triunfo! Jehová no te sacó del lodo cenagoso para vivir ahora en miseria. Jehová no te sacó del muladar, no te sacó del pozo de la desesperación para ahora traerte aquí y avergonzarte. Cuando te perdonó y te sacó del fango, te sentó en lugares celestiales juntamente con Cristo y tú tienes que entender eso.

¡Dios te llamó para caminar de gloria en gloria y de triunfo en triunfo!

Debe haber alguien que diga: "Yo no voy a vivir bajo los escombros"; alguien que diga: "Yo me cansé de vivir por debajo de mi potencial, me cansé de vivir en la zona vulnerable donde todo lo malo me pasa a mí. ¡No! "Me cansé de ver amenazas de divorcio, de ver a mis hijos en rebeldía". Alguien tiene que entender esta palabra y esa eres tú, mujer hermosa.

Ciertamente hay angustias que las tenemos que pasar porque debe haber crecimiento, debe haber una experiencia. Te vas a dar cuenta de algo que tenías muy guardado y ni lo sabías. Cuando caminas en obediencia a la Palabra de Dios, tienes toda la legalidad dada por el Padre a través de Cristo para decirle al infierno:

— ¡Retrocede en el nombre de Jesús! No tienes autoridad para usar mi casa como centro de operaciones ilegales. Ya no lo voy a tolerar más y no voy a permitir que sigas reteniendo en tus garras lo que es mío.

Siempre Dios ha querido levantar libertadores, los levanta de tiempo en tiempo. Él busca a alguien que sea la punta de lanza, ¡y ese alguien eres tú! Vas a tener que levantarte tú y decir:

—Yo soy el instrumento que Dios va a usar para ser el libertador de mi casa, yo voy a provocar que todo lo que Dios dijo se manifieste.

Profetizo y le doy una orden a tu espíritu:

Despiértate del sueño, despiértate de la pasividad y el conformismo, despiértate de la justificación. Levántate, pues hay otro aire para respirar. Levántate y empodérate porque hay otra historia. Dios es un experto cerrando capítulos y abriendo otros. Dios cierra la página y comienza a escribir en la otra. Dios tiene algo para darte, ¡pero necesitas despertar del sueño! ¡Necesitas observar tu panorama!

Si lo que hay a tu alrededor no se parece a lo que Dios dijo, oponte a eso. Abre el oído para escuchar cuando Dios te hable, abre el oído para entender los códigos, para entender las herramientas que Dios te está entregando para que vayas a tu casa y vivas de acuerdo con lo que Dios te está dando. No puedes seguir siendo "oidora". Ahora te conviertes en hacedora.

Hay un paso de fe que tienes que dar. No puedes permanecer de brazos cruzados esperando que otro sea el que te empuje. Con solo saber lo que dijo Dios es más que suficiente. Si tú conoces y has leído la Biblia, entonces se te va a revelar lo que Dios quiere para tu vida; aunque el enemigo haga ruido, todo lo que diga es mentira.

Se ve muy real, pero por encima de eso se encuentra la verdad de Dios y toda mentira del diablo es aplastada cuando alguien se levanta y se viste de poder; cuando alguien se sacude el polvo y dice: "Yo no voy a permanecer en esta posición de vulnerabilidad ni protagonizando el papel de víctima. Me levanto y me sacudo en el nombre de Jesús".

En el nombre de Jesucristo te vas a levantar con la fuerza del búfalo, te vas a remontar como las águilas. Vístete de poder, revístete de la autoridad, empodérate y pelea por la promesa, llamando las cosas que no son como si fuesen.

CAPÍTULO 20

Despliega la autoridad de Dios en ti

Entonces llamando a sus doce discípulos, les dio autoridad sobre los espíritus inmundos, para que los echasen fuera, y para sanar toda enfermedad y toda dolencia.

—Mateo 10:1

Yo, al igual que tú, viví oprimida. Mi esperanza y mis sueños habían quedado destrozados. Yo también en muchas ocasiones me sentí limitada, que no llenaba las expectativas y que no reunía las condiciones para alcanzar algo extraordinario en la vida. Y aun teniendo ese concepto de mí misma, Dios no miró eso, tuvo misericordia de mí y me eligió para ser su hija, su instrumento y vasija para gloria de su gran nombre. Le dio sentido a mi vida, me dio un destino profético, claro y definido; sustancioso, activo, intenso y agresivo espiritualmente, pero también he podido experimentar en alta escala, manifestación, milagros, ensanchamiento y restitución en mi familia y en mis finanzas.

Así mismo, como el Señor me escogió, me dio instrucciones, me tomó de las manos y me guió en todo momento, sé que Dios también lo hará contigo.

¡Tengo legalidad y autoridad para decirte en el nombre de Jesucristo!:

Ve a recuperar tu territorio. No puedes seguir encorvada, cabizbaja, con sentimientos de derrota. Ve a tomar la porción de la herencia que te corresponde. Mientras estuviste en posición de descanso, el enemigo estaba en posición de combate, y te robó todo cuanto pudo y permitiste. Siempre será mejor estar alerta impidiendo que el ladrón entre a robar, que desgastarte tratando de sacarlo.

Pero lo cierto es que lo robado no se puede quedar en manos del ladrón. Entra con autoridad al campo enemigo y toma todas tus pertenencias. Todo es todo; toma hasta los añicos, no dejes nada, recupera hasta los pequeños residuos de todas tus bendiciones. Te va a costar usar con determinación la autoridad sin descanso. No cedas ante ninguna amenaza, avanza, pues el Espíritu Santo está dirigiéndote en esta guerra. Él te llevará a la victoria.

Arrebatar significa quitar una cosa a alguien de forma violenta o rápida. Significa hacer un movimiento o llamar la atención tan bruscamente que la otra persona olvide todo lo que le rodea. Y así lo harás y no aceptarás menos que eso, aunque el diablo odia esa palabra, porque él sabe cuánto le afecta cuando alguien como tú lo deja en vergüenza arrebatándole todo lo robado y con creces.

Prométeme que, como una leona parida y con violencia espiritual, vas a arrancar de la mano del enemigo todo lo que Dios te dio, y que por ignorancia o pasividad perdiste; las cosas que perdiste con engaño o por ataque sorpresivo.

Como profeta de tu casa marca el destino a tus hijos, marca la ruta a donde se debe dirigir el destino de tu esposo, el de tu familia, y el de tu vida personal. Declara hacia dónde deben ir ellos, con el Espíritu Santo dirigiendo sus pasos. ¡Suelta la Palabra!

El enemigo, por mucho tiempo, ha estado decretando el mal, hablando a tus oídos sus mentiras, y ya es tiempo de que te levantes a revocar cada palabra que el infierno ha dicho contra ti. Revócalas y establece algo nuevo, establece la voz de Dios a través de tu voz. Debes saber que tú tienes la capacidad de ser el instrumento de Dios, eres la boca de Dios. Envía un comando de voz, llénate del poder del Señor y decreta, haz que el infierno se estremezca y libere tu botín.

Cuando despliegas la potencia de lo que Jesucristo puso en ti, estás enviando una señal al infierno de que no le temes y que estás dispuesta a despojar al que te despojó. Eres la mujer de tu casa. Tú vas a arrebatar lo que es tuyo. Dios está esperando que salga de ti ese olor a mujer de guerra.

La Palabra dice que somos reyes y sacerdotes, y es muy lindo estar con el perfume y la ropa de palacio, pero también esa misma que se pone vestiduras reales, se pone el zapato de guerra, se pone el camuflaje de guerra, toma las armas que son poderosas, y comienza a pelear contra toda influencia maligna en el nombre de Jesucristo.

Analiza tu vida, y mira las áreas que todavía faltan por conquistar, áreas donde aún no has vencido. Abre tu mente a los recuerdos donde sufriste un enfrentamiento tan cruel, que aun estás padeciendo las consecuencias de todos tus males. Eso debe darte todos los motivos para entrar en el mover de la guerra espiritual.

No entiendo cómo alguien puede vivir sin el sabor de la guerra que te conduce a la victoria. Una vida sin guerra y sin victoria no tiene sabor, tampoco tiene sentido. Hay gente que viven una guerra eterna. Literalmente son prisioneros de guerra, hacen el papel de víctimas a las que han golpeado, están ahí moribundos, y no se han podido levantar. El sabor está en saber que estás bombardeando, disparando al blanco y tomando el botín de guerra. Ese es el mayor de los gozos por estar parada en la brecha.

¡DESPIERTA, GUERRERA!

En el año 2005, en el mes de octubre, el Señor me habló, y me dijo: "Voy a enviar el último avivamiento sobre la faz de la tierra antes de mi venida, y quiero que vayas por las naciones, convocando y activando a los valientes". Yo acepté el reto, y hoy, en el nombre de Jesús, declaro que se va a despertar esa valiente que está adormecida; te levantarás en el nombre de Jesús. Si aún respiras es porque hay una oportunidad de tener la victoria en tu mano.

Hay una bendición poderosa y sobrenatural que está a punto de manifestarse en tu vida, pero tienes que dar la última pelea. Vas a desplegar misiles espirituales y a disparar, así sean las últimas municiones, pero vas a ganar.

Le estoy escribiendo a valientes, le hablo a la leona parida que hoy se despierta y con tu rugido, con tu voz profética, con tus palabras de autoridad vas a sacar de tu territorio a los enemigos invasores, a los impostores que quieren tomar tu herencia.

Un guerrero puede quedar adormecido, pero cuando escucha el sonido de la trompeta, convocando a la guerra, ¡la sangre le hierve! Estoy dirigiendo mis palabras a tu espíritu, a quien el Espíritu de Jehová está levantando hoy. Mis palabras son proféticamente como una trompeta, y tu espíritu las está escuchando.

¡Eres parte de este poderoso ejército! ¡Hazle saber al infierno lo que el cielo sabe! Proclama audiblemente: "En el nombre de Jesús, me levanté. ¡Tengo armas, soy peligrosa y no te tengo miedo! Voy hacia mi Destino Final, que es la victoria".

Profecías de poder para tu vida

Profetizo. Ya no andarás en círculos. La sensación de que estás en la ruta equivocada se acabó. Ahora Dios tomará el timón de tu vida. Él te sacará del camino errado, y no solo te mostrará el camino correcto, sino que te llevará hacia donde Él había pensado para ti desde la eternidad. Él te dará a conocer los pensamientos que tiene acerca de ti, y tú le obedecerás y llegarás a donde Él preparó con esmero para ti, por su infinita misericordia. Le darás la gloria al que te marcó y te puso el sello de propiedad, que dice: "Mía eres tú. Yo te llamé y te escogí para cosas extraordinarias que jamás imaginaste".

Profetizo. La amargura y la vergüenza que te han causado tus hijos Jehová las transforma en tu mayor gozo. **Profetizo** que tus hijos son la alegría de tu corazón, que ellos te honrarán, que sus días serán largos. **Profetizo** que tus hijos son como flechas en manos del valiente, que son reparadores de portillos. Ellos son de los que no doblan sus rodillas ante la estatua de este siglo, son de los que no se contaminan con las cosas que han sido consagradas a los demonios. Ellos son los que derriban gigantes y les cortan la cabeza. Ellos son como la tribu de Isacar, entendidos en los tiempos; sabios, prudentes, sensatos, poderosos, influyentes, prósperos, pero, sobre todo, con temor de Jehová en sus corazones.

En este momento activo tu destino profético financiero. No trabajarás solo para estar cansada, no echarás tu salario en saco roto, te acompañará el favor de Dios.

Profetizo que la pereza y el conformismo no estancarán tus bendiciones. **Profetizo** que tu impulso por las compras y el despilfarro no te llevarán a la ruina; que no te asociarás con personas de corazón perverso y codicioso.

Le hablo a la matriz de la prosperidad, ahí donde se gestan los grandes y exitosos proyectos, para que todo lo que toques sea bendito, todo lo que emprendas sea prosperado. No serás víctima del codicioso y del envidioso, y se activa el don de mayordomía para administrar todo lo que Dios te confíe, y tu corazón no se contaminará. Todo lo que te impide alcanzar tu bendición es removido en el nombre de Jesús.

Declara audiblemente: la mano diligente es la que prospera. Desde la eternidad, ya Dios me bendijo. Él me diseñó para ser bendecida, para multiplicarme y ensancharme.

Profetizo sobre ti que tus negocios, tus ganancias y tus ingresos serán numerosos y te ensanchas significativamente. Tus negocios se afirman y se refuerzan con estacas más fuertes. **Profetizo** que los cielos de bronce son quebrados y se liberan tus bendiciones, tus inversiones; horas de esfuerzo y perseverancia son como semillas que han sido sembradas en buena tierra y darán frutos al ciento por uno.

Profetizo que todo lo que está impidiendo que te pares en la brecha, y lo que no te deja permanecer en la brecha, es quitado en el nombre de Jesús. La ambivalencia, pasividad, conformismo y cansancio que te han bloqueado, ¡ya no estarán más! **Profetizo** hoy que tus heridas son curadas, y te pararás firme ante el monte que se interpuso para que te desalientes y desistas.

Activo en tu vida la palabra profética: ¡La montaña de imposibilidades la escalarás, o la derribarás! Ese monte de oposición está destinado a ser destruido, así que afirma tus pasos, agudiza tus estrategias y acciona. No sueltes tu posición de batalla, pues tu montaña se convierte en llanura, o se convierte en polvo.

Profetizo: Hay cosas que ya Dios tiene listas para hacer, pero por tu oración intercesora profética y de humillación. Su amor eterno hará que Dios baje la intensidad de su juicio. El peso de su látigo se suavizará por causa de tu oración intercesora, mujer poderosa, que mueves el corazón de Dios a misericordia. Tú eres de las que tienen un lugar especial en su corazón.

Profetizo sobre tu vida que recibes nuevas fuerzas para pararte en la brecha. Dios comienza a darte revelaciones e instrucciones para saber qué cosas debes hacer y cómo las harás. Tu clamor librará a tu marido de la condenación eterna, lo librará de toda atadura que le impide servir a Jesucristo y ser un hombre íntegro y diferente a los del mundo. Tu intercesión va a producir muchas bendiciones de cambios que producen paz en tu espíritu y en tu casa.

Profetizo sobre ti. Hoy te vas a levantar a defender tu casa como leona parida. Hoy vas a edificar un altar de oración para provocar que Dios haga los cambios a favor de tu propia vida, que siempre será la más urgente. Te pararas por la vida de tu marido, tus hijos, tu ministerio, iglesia tus padres, por tus negocios, tu ciudad y todo por lo que desees que Dios intervenga.

Profetizo. No vas a perder esta guerra por falta de dirección y orientación. El glorioso Espíritu Santo te va a guiar en este trayecto. Jehová, el Señor fuerte y valiente, va contigo en la guerra para defender tu casa. Él personalmente te entrenará y te capacitará para sacar de tu territorio a las fuerzas invasoras. No vivirás atemorizada pensando que ya no hay salida ni solución.

Tu victoria es saber que las tinieblas y las fuerzas infernales que te invadieron ya están listas para salir expulsadas y, si están afuera, jamás podrán entrar, pues hay una guerrera activa llena del Espíritu de Dios haciendo frente al enemigo en el nombre de Jesús.

Estás autorizada a pararte en la brecha, en la zona donde está el conflicto y harás que los que han venido contra ti por un camino, salgan huyendo delante de ti por siete caminos. Tienes el respaldo de Dios para hacerlo, y has recibido el derecho legal para recibir la bendición de ver tu casa restaurada.

Profetizo. Cosas que ocurren en tu vida, que son como fantasmas, pareces que tienes un rastreador pues, aunque te mudes te vuelven a alcanzar, hoy por la autoridad que he recibido de Jesucristo, libero palabras de poder que son como martillo en manos de Jehová, desmenuzo todo decreto en tu contra, desarraigo de ti toda iniquidad que te conducen al pecado, y que te seducen a regresar a tu pasada vida de Egipto.

Dios borra, anula y perdona todos tus pecados y tus iniquidades, y está dispuesto a llevarte a la tierra prometida y estando allá bendecirte con todas las bendiciones espirituales y terrenales que necesites. Solo debes comprometerte a dar todo para obedecer su perfecta voluntad, limpiando tu corazón de la Iniquidad, y asegurándote de que tus hijos no vivan con el corazón lleno de iniquidad, pues la iniquidad produce pecado y el pecado activa las maldiciones y los decretos del reino de las tinieblas.

Profetizo que, aunque otros en tu familia están condenados a muerte y tragedias por causa de la iniquidad, tú te librarás de la condenación, pues romperás y desatarás tu vida de la iniquidad, y también liberarás a tus hijos.

Profetizo que tus ojos espirituales se abren para entender que la iniquidad es un decreto espiritual en tu contra, es una sentencia o condena que cada vez más se agudiza y empeora. No es parte del plan de Dios que, a ti, teniendo una vida de fidelidad e integridad, un día la iniquidad te cubra y controle, y te haga cometer actos abominables ante Dios.

Profetizo que tu vida de un giro espiritual sorprendente. Los pensamientos inicuos que están atormentándote son anulados por la sangre de Cristo. Los pensamientos de adulterio o fornicación son vencidos por el poder de la santidad de Dios que opera en ti por medio del Espíritu Santo. Los pensamientos de suicidio que vienen a tu mente cada vez que tienes problemas económicos o conflictos en tu matrimonio, esos pensamientos de muerte que te bombardean cuando estás en tristeza profunda o depresión, son anulados y cancelados en el poderoso nombre de Jesucristo.

Todos los argumentos de autosuficiencia, soberbia y rebeldía que no te permiten consagrarte y depender de Dios ni te dejan permanecer en compromiso de sujeción al Espíritu Santo, son derribados en el nombre de Jesús. El decreto o sentencia de dureza de corazón que hay sobre ti y tu familia son cancelados y anulados, y habrá arrepentimiento y salvación para ellos en el nombre de Jesús.

Tus bendiciones retenidas son liberadas, las respuestas a tus oraciones son activadas a tu favor. Los decretos de enfermedad, de pobreza, miseria y escasez, limitaciones y fracasos, son anulados en este momento en el nombre de Jesús. Profetizo un mover del Espíritu Santo como nunca, los aires se limpian, y la atmósfera pesada que oprime tu casa es cancelada y anulada. Los pactos de iniquidad que hicieron tus ancestros son desarraigados. Los convenios, la muerte y los pactos con el Seol son destruidos por la sangre de Cristo y terminan ahora mismo.

Las puertas de iniquidad son cerradas. Las puertas de pecado, de enfermedad, pobreza, miseria, derrota, esclavitud, vicio, atadura son cerradas y anuladas. Las puertas de cautiverio, los techos de bronce y los cerrojos de hierro son desmenuzados por la autoridad de Jesucristo y su sangre. Amén.

Profetizo. Ya no dependerás de alguien que, por ti, vaya a sacar a los espíritus invasores de tu casa (aunque no está mal que pidas ayuda). A partir de hoy, le hablarás con todo el peso de la autoridad que portas por medio de Jesucristo para hacer que abandonen tu territorio.

Profetizo que te llenas del Espíritu de Dios y actuarás en contra de quien se levanta en tu contra. Usarás la autoridad de Jesucristo que está en ti, y harás que el enemigo salga huyendo por siete caminos. Usa la autoridad sin temor y no tengas misericordia; úsala contra el reino de las tinieblas. Úsala contra fuerzas hechiceras, úsala para sacar de tu casa y de tu vida el pecado. El enemigo huye delante de aquellos que le resisten. El enemigo no puede pelear contra alguien que se posiciona y que ejecuta con legalidad su autoridad. Es el mismo Cristo el que te ordena que la uses.

Profetizo que todo lo que está bajo el poder del enemigo dominado por el reino de las tinieblas en tu vida, tu casa, ministerio, negocios, lo arrebatarás en el nombre de Jesús. Que todo lo que tienes y lo que eres recibe en este momento el impacto de la gloria de Dios; que aprenderás a saltar los obstáculos. Jehová te da su fuerza para que persigas y alcances a tus enemigos. Vas a atacarlos, y no descansarás hasta acabarlos. Los atacarás y los harás polvo. Usarás la autoridad, tendrás victoria sobre toda fuerza del mal y nada te dañará.

Profetizo que, aunque estés metido en cisterna, en la cárcel, aunque a quienes tú amas hoy te aborrezcan, aunque te separen violentamente de lo más preciado que tienes, Dios usa y está usando todo esto para tu bien. La mano de Dios no te soltará y esa misma mano te guiará en todo momento.

Profetizo. Cosas que nunca pediste, cosas que jamás soñaste tener, Dios te las entrega. Luego de tu más profunda humillación, viene la mayor exaltación; luego de la difamación, viene tu promoción; luego de tu mayor escasez y limitación, viene tu mayor nivel de abundancia y ensanchamiento. Pararte en la brecha representa tu mayor desafío, pero no morirás en el intento. Solo resiste, tu bendición está a punto de manifestarse, si ya terminó Jehová su obra en ti. Y si acabas de empezar tu proceso, no te desanimes, solo resiste. No te le eches a perder.

Profetizo. Se acabaron los años de escasez, los años donde solo dices: "no hay", "no tengo" y "no puedo". Se termina el tiempo de lo justo y lo exacto, o sea, donde solo aparece a duras penas para suplir y nada sobra. Ahora vienen siete años de abundancia y conforme a como administres esa abundancia, calificas para otro tiempo de 7 años más de sobreabundancia, donde recibirás más de lo que hayas imaginado. Amén.

Profetizo que Jehová pone a tus enemigos debajo de tus pies. Ellos entrarán en confusión y el plan que tenían para acorralarte y acabar contigo ya no podrá ser ejecutado porque Jehová desbarata todo plan y pelea a tu favor. Jehová utilizará métodos inusuales y sorprendentes para darte la victoria.

Profetizo que aumenta tu capacidad de escuchar a Dios. Tu continuo contacto con Él te afina el oído para escuchar todo lo que Él tiene que decirte y mostrarte, pues Él no hará nada sin que su Palabra esté por delante. Antes de que Él haga algo, Él hablará. Son tan importantes sus palabras, que hasta su silencio te hablará fuerte y recio.

Profetizo que, así como Moisés recibió instrucciones para guiar al pueblo hebreo por el desierto, será contigo. Paso a paso serás guiada e instruida en todo. Él te instruirá cuando debas tocar con tu vara las aguas del mar Rojo para que cruces en seco. Él te dirá: "Toca la roca para que brote agua". Recibirás la orden de subir al monte Sinaí a estar cara a cara con Él. Él dirá cuándo perseguir y cuándo atacar, cuándo callar y estar quieta, y cuándo debes accionar. Solo debes estar dispuesta a obedecer.

¡**Profetizo** que aumenta tu nivel de obediencia, que podrás obedecer hasta que duela, y esto desatará las mayores victorias! Amén.

Profetizo que te vas a levantar con una nueva actitud a vencer por medio de la fe en Jesucristo. Así como Él venció, tú también vencerás.

Levántate a vencer. Si Jesucristo derrotó al diablo, tú también podrás derrotarlo a él y a los espíritus que te oprimen. Tú podrás derrotar a los gigantes que te amenazan, vas a vencer ese pecado que te domina, vas a vencer ese vicio que te mantiene atado.

Por medio de la fe vas a vencer la miseria y la pobreza. Ya no serás más una mujer fracasada, te levantarás en poder y autoridad, y usarás ese poder y esa fuerza espiritual para vencer sobre toda adversidad.

Profetizo sobre tu vida y tu salvación, tú que tienes una sentencia de muerte y perdición. Tú que estás confinado a una muerte lenta, profetizo vida y vida abundante. Vas a vencer esa enfermedad, le dirás a la muerte: "No me puedes tocar, sobre mí hay promesas, sobre mí hay propósito que no se han cumplido". ¿Dónde está, oh muerte, tu aguijón? Sobre mí hay un manto de vida.

Profetizo que entras en la mayor manifestación del reino de Dios en tu vida. La manifestación del reino se va a reflejar en tu matrimonio, trayendo cambios, restauración y renovación en tu relación.

Profetizo victoria en tu ministerio. Estancamiento y sequía ministerial son vencidos por medio de la fe. Profetizo nuevos comienzos, nuevos horizontes, nuevas oportunidades, nuevas relaciones, nuevos negocios y relaciones comerciales. En el reino hay evidencia del poder. La gente verá a Dios obrando en ti y será impactada al ver la obra que Dios hizo en ti. Vas a vencer por la fe. Ante toda circunstancia, dentro de ti va a emanar una corriente de poder que se llama fe: una fe resistente, agresiva, violenta, una fe viva e inquebrantable.

Profetizo y le doy una orden a tu espíritu:

Despiértate del sueño, despiértate de la pasividad y el conformismo, despiértate de la justificación. Levántate, pues hay otro aire para respirar, levántate y empodérate porque hay otra historia, Dios es un experto cerrando capítulos y abriendo otros, Dios cierra la página y comienza a escribir en la otra, Dios tiene algo para darte, ¡pero necesitas despertar del sueño! ¡Necesitas observar tu panorama! ¡Si lo que hay a tu alrededor no se parece a lo que Dios dijo, ¡oponte a eso! Abre el oído para escuchar cuando Dios te hable, abre el oído para entender los códigos, para entender las herramientas que Dios te está entregando para que vayas a tu casa y vivas de acuerdo con lo que Dios te está dando. No puedes seguir siendo oidora ahora te conviertes en hacedora.

Hay un paso de fe que tú tienes que dar. No puedes permanecer de brazos cruzados esperando que otro sea el que te empuje. Con solo saber que dijo Dios, es más que suficiente. Si tú conoces y has leído la Biblia, entonces se te va a revelar lo que Dios quiere para tu vida; aunque el enemigo haga ruido, el enemigo tiene un escenario muy bien diseñado.

Se ve muy real, pero por encima de eso se encuentra la verdad de Dios y toda mentira del diablo es aplastada cuando alguien se levanta y se viste de poder; cuando alguien se sacude el polvo y dice: "Yo no voy a permanecer en esta posición de vulnerabilidad ni protagonizando el papel de víctima. Me levanto y me sacudo en el nombre de Jesús".

En el nombre de Jesucristo te vas a levantar con la fuerza del búfalo, te vas a remontar como las águilas.

Vístete de poder, revístete de la autoridad, empodérate y pelea por la promesa, llamando las cosas que no son como si fuesen.

Profetizo que aprendes a usar esa autoridad tridimensional para enfrentar los demonios que operan desde la esfera terrenal, espíritus que desde las regiones celestes están bombardeando y bloqueando todas tus bendiciones, y las huestes satánicas de los abismos y las profundidades de la tierra que han salido para barrer todo a su paso. Pero tú, llena del Espíritu Santo, con la orden divina de usar la autoridad, con la armadura de Dios puesta, con el conocimiento y revelación de quién eres y a quién sirves, arremeterás con violencia espiritual hasta tener tu victoria. En el nombre de Jesucristo.

Acerca de la autora

La pastora y profeta Nancy Amancio (María Saray Amancio Cayetano de Telfo) es fundadora, juntamente con su esposo, de la Iglesia Centro Mundial de Restauración Familiar República Dominicana y Holanda.

Nació en la ciudad de Haina, RD, en septiembre de 1973. Desde muy pequeña fue instruida por padres cristianos. Comenzó a cantar en los servicios de la escuela bíblica y luego en grupos infantiles, hasta desarrollarse como intérprete internacional.

En su familia, todos son obreros del Reino de Dios y de su ministerio musical, Nancy Amancio Music. Su esposo el apóstol Ramón Bautista Telfo Telfort, es su compositor y productor musical. Tienen dos hijos: Ismael J. Telfo, músico y adorador internacional, y Willy Javier Telfo, pastor juvenil de la Iglesia Central de Santo Domingo. Ambos también pertenecen a la Banda Musical.

Nancy Amancio es conferencista internacional e imparte seminarios para organizaciones eclesiásticas y empresas, logrando transformar las vidas de miles de personas y líderes.

Es una adoradora de reconocimiento mundial, ha recorrido todos los Estados Unidos, cada país de Centro, Sur América, el Caribe, y países europeos, entre ellos Holanda, Suiza, España y Francia.

Con diez álbumes de éxito mundial y más de un millón de copias vendidas en su amplia trayectoria musical, ha producido los álbumes: “Me voy contigo”, “Sueños”,

"A quién iré", "Un toque de fe", "Lo mejor de Nancy", "Estableciendo el Reino", "A otro nivel de guerra", "Impactando las naciones", "Amándome así", "Me paro en la brecha".

Ha sido nominada a los Premios Casandra en la República Dominicana, actualmente llamado Premios Soberano. Ha sido galardonada con los premios Paoli en Puerto Rico, de los Premios Juventud en la región sur de la República Dominicana, y en el Festival Góspel de Las Antillas.

Es fundadora y actual presidenta de la Fundación Nancy Amancio, organización sin fines de lucro iniciada en Haina, un barrio ubicado en la parte sur de la ciudad de Santo Domingo que se caracteriza por altas tasas de marginalidad y exclusión. En la actualidad brinda servicios en el sector Brisas del Este, Municipio de Santo Domingo.

El objetivo primordial de esta organización son los niños. Por eso hace todo el esfuerzo en invertir en ellos con clases de artes musicales, salas de tareas y guardería, ayudando a los niños huérfanos por feminicidios con asistencia de operativos médicos, donaciones de útiles escolares, juguetes y alimentación. También es la vicepresidenta de Circuito Visión (Red de Radiodifusión) en la provincia de Nagua.

Representa en la República Dominicana a la organización Internacional Salvemos a la familia, y es vicepresidenta del Instituto de Formación Familiar Internacional (INFITER), organizaciones defensoras de la vida.

Por medio de su canal de YouTube ha transmitido su programa *De mujer a mujer*, que alcanza miles de hogares.

Escucha nuestra música en:

- Apple Music
- Spotify
- Deezer
- Amazon Music
- Google Play
- YouTube

Made in United States
North Haven, CT
24 September 2021

10055086R00125